www.tredition.de

Ramona Loriz

Der Weg der Wandlung

Vom geborenen Mädchen zum gelebten Jungen

Eine wahre Geschichte

www.tredition.de

© 2020 Ramona Loriz

Verlag und Druck: tredition GmbH, Halenreie 40-44, 22359 Hamburg

ISBN
Paperback: 978-3-347-10365-8
Hardcover: 978-3-347-10366-5
e-Book: 978-3-347-10367-2

Wir sind nicht immer das, was wir scheinen zu sein.

Wir sind das, was wir fühlen zu sein.

Mögen viele den Mut haben, ihr Fühlen zu leben.

Inhaltsverzeichnis:

Vorwort

Es gibt Menschen, die einem sehr am Herzen liegen, einem so nah sind, wie man sich selbst.

Wenn diese Personen zudem eine besondere Lebensgeschichte haben und Sie mitreißen in ihre emotionalen Wogen und Erlebnisse, dann geht es Ihnen genauso wie mir.

Dieses Buch ist nicht wissenschaftlich und enthält keine Studien.

Durch die einfache Erzählung der wahren Geschichte von Ryan und Hannah, wobei die Namen abgeändert wurden, besteht die Möglichkeit, sich als Eltern von transidenten Kindern und Jugendlichen wiederzufinden, zu identifizieren, die ein oder anderen Tipps herauszufinden, zu schmunzeln, sich nicht alleine zu fühlen, Motivation zu erhalten, sich seine eigenen Gedanken zu dem Thema Transidentität zu machen und einfach nur Freude beim Lesen zu haben.

Doch nicht nur die Eltern, sondern auch transidente Kinder und Jugendliche selbst, Großeltern, Verwandte, Freunde,

Bekannte und alle Interessierten zum Thema Transidentität sind herzlich zu dieser Lektüre eingeladen, um sich über einen möglichen "Weg der Wandlung" in das andere Geschlecht zu informieren.

Gerade wenn Eltern sehr junger Kinder und Teenager eine "Andersartigkeit" bei ihrem Kind feststellen, sind sie oft sehr unsicher und denken "das wächst sich heraus, das ist nur eine Phase". Ebenso finden sie keine oder nur spärliche Unterstützung, da auch Mediziner, Psychologen sowie das soziale Umfeld unsicher sind und den jungen Kindern und Teenagern wenig bis keinen Glauben schenken.

Auch wenn sich unsere Gesellschaft zu mehr Toleranz entwickelt hat, entsprechen heranwachsende Transjungen und Transmädchen nicht den „Normen", welche in dem Wort „Normalität" enthalten sind. Und schon beginnen Schwierigkeiten.

Denn wer nicht in das Schema der gesellschaftlichen Normen und somit der Normalität passt, stellt eine Herausforderung für sein Umfeld dar. Das Umfeld zeigt zuerst Widerstand, weil es nicht im „normal gewohnten Rahmen" handeln kann und bereitet somit den transidenten

Kindern und Jugendlichen auf der emotionalen Ebene Unverständnis und oft Ablehnung.

Durch dieses Buch möchte ich auf einfache Weise für mehr Verständnis und Annahme dieser jungen Transgender sensibilisieren und ihnen sowie ihrem Umfeld Mut machen, sich allen Herausforderungen mit Selbstvertrauen zu stellen.

Wer Lösungen sucht, der wird sie finden.

Wie alles begann

"Gute Nacht Süße", flüsterte Hannah ihrer Tochter ins Ohr, um sich bei ihr, wie jeden Abend, für die Nacht zu verabschieden. Als sie ihr liebevoll den Gute-Nacht-Kuss auf die Stirn drücken wollte, fing Lea an zu weinen und vergrub ihr hübsches Gesicht tief in ihrem Kissen. Die Bettdecke zog sie über ihren Kopf, so dass nur noch ihre dunkelbraunen, verträumten, aber aktuell sehr verweinten Augen sowie ihre sogar im Bett noch hochgegeelten kurzen schwarzen Haare hervorguckten.

"Was ist los mit Dir mein Schatz?", fragte Hannah, setzte sich auf die Bettkante und streichelte ihrer Tochter mitfühlend über ihren Haarschopf. "Unser Tag war doch schön, ist denn etwas vorgefallen? Erzähl es mir." Hannah war aufgefallen, dass Lea sich schon seit einigen Wochen von ihr und auch dem Rest der Familie zurückzog, wenig redete und völlig verträumt in ihrer Welt war. "Pubertät", dachte Hannah, "die üblichen Phasen eben, ganz typisch, mal wütend, mal beleidigt, mal anhänglich, mal traurig, mal überschwänglich lustig."

"Mama, ich bin kein Mädchen", platzte es plötzlich aus Lea heraus, "ich bin ein Junge, der in einem Mädchenkörper gefangen ist. Das ist so schlimm. Du weißt gar nicht, was ich fühle. Es fühlt sich so falsch an. Keiner versteht das. Ich bin Junge und kann es nicht wirklich leben. Ich will keinen Mädchenkörper mehr haben. Ich habe mich schon die ganze Zeit, seitdem ich lebe, falsch gefühlt. Ich wusste nie warum. Ich habe am Wochenende, als ich bei Papa war, eine Dokumentation über einen Transjungen im Fernsehen gesehen. Danach wurde es mir ganz klar. Das bin ich. So fühle ich. Jetzt weiß ich, warum ich mich falsch fühle. Es muss sich alles verändern Mama." Während sie das sagte, weinte sie unentwegt und schluchzte so laut und verkrampft, dass sich ihre Gesichtshaut tief dunkelrot verfärbte.

Hannah war zunächst sprachlos, mit solch einer Erklärung hätte sie heute Abend nicht gerechnet. Sie versuchte, ihre Tochter zu beruhigen, einfach nur durch ihr stummes Verständnis, denn Worte fielen ihr in diesem Moment nicht ein, die passend hätten sein können. Hannah wunderte sich nur über ein so intensives und konkretes Bewusstsein, denn Lea war gerade mal 11 Jahre alt. Die klaren Worte, die entladenden Emotionen.

Leas Wunsch, Junge zu sein, fühlte sich ernst gemeint an, keine vorübergehende Phase, keine Pubertät, keine Spielerei.

Leas komplettes Verhalten und ihre äußere Erscheinung waren schon seit dem Kindergarten entsprechend männlich. Für Hannah war ihre Tochter immer ein kleiner Wildfang, eben wie ein Junge, doch sie dachte, es "wächst sich noch heraus".

Dieser Abend mit dieser klaren, unumstößlichen Ansage Leas war der Anfang ihres Weges, welcher unbewusst schon begann, als sie zur Welt kam.

Bis zum 2. Geburtstag war alles rosa

"Es ist ein gesundes Mädchen", teilte die Frauenärztin Hannah telefonisch mit. Das heißersehnte Ergebnis der Fruchtwasseruntersuchung lag vor. Hannah war schon 37 Jahre alt, als sie zum zweiten Mal schwanger wurde. Wieder ein Wunschkind. So perfekt. Diese Mitteilung sollte die kleine Familie in Harmonie vervollständigen. Wie im Bilderbuch, Sohn und Tochter. Hannah freute sich so sehr über die Botschaft eines gesunden Mädchens. Wie schon in der ersten Schwangerschaft hegte und pflegte sie den "Inhalt ihres Bauches" und war sehr stolz darauf. Ihr machte es außerordentlich Spaß lauter "Mädchenkram" und rosa Babyklamotten einzukaufen. Da sie zu der Zeit beruflich viel in verschiedenen Städten unterwegs war, nutzte sie jede Mittagspause, um zahlreiche Kinderläden aufzusuchen und "rosa einzukaufen".

Lea kam acht Tage nach dem errechneten Geburtstermin zur Welt. Hannahs Wehen begannen wie so meist in der Nacht. Doch als sie mit ihrem Mann ins Krankenhaus fuhr, hörte der "Spuk" zunächst wieder auf. So als ob sich der kleine Mensch in ihrem Bauch noch einmal umentscheiden wollte. Oder nochmals überlegte "will ich überhaupt in die Welt?" Allerdings musste Hannah zur Kontrolle im Krankenhaus bleiben, da das Fruchtwasser nicht ganz in Ordnung war. Nach etwa zehn Stunden hat sich der kleine Mensch dann wohl doch entschieden. Die Wehen begannen erneut und danach verlief alles im Eiltempo. Zwei Stunden und sie war endlich da. Lea war klein, zart, so zerbrechlich. Ein ruhiges, ausgeglichenes Neugeborenes. Die ganze Nacht nach ihrer Geburt lag sie links an der Herzensseite in Hannahs Arm und schlief ganz zufrieden. Nur ab und zu ein leises Glucksen und Aufstoßen, um sich bemerkbar zu machen und Hannah mitzuteilen "Ich bin jetzt da". Als am kommenden Tag bei einer Untersuchung das erste Mal Blut aus Leas kleiner Ferse gezapft wurde, fühlte es sich für Hannah wie Folter an. Sie hatte die bitterlich weinende Lea fest an ihre Brust gedrückt während die Ärzte das Blut fast vergeblich aus dieser kleinen etwas blau unterlaufenen Ferse zu quetschten versuchten. Hannah hatte das tiefe Bedürfnis, alles dafür zu tun, dieses kleine Wesen besonders gut zu schützen. Damals konnten beide noch nicht ahnen, wie viele Blutabnahmen und ärztliche Gesellschaft ihnen noch bevorstanden.

Aus der Klinik zu Hause angekommen wurde dann alles "Rosa" verwendet, was sich angesammelt hatte. Hannah genoss es, zu Hause zu sein, bei ihrer perfekten kleinen Familie. Sie plante, ihre Elternzeit länger auszuweiten, als damals bei ihrem erstgeborenen Sohn, um mehr für die Kinder da zu sein. Als sie mit der im Kinderwagen schlafenden Lea einen Spaziergang machte, klingelte ihr Handy. Eine fremde Nummer. Hannah meldete sich höflich. Am anderen Ende der Leitung erklang eine fremde, nette, männliche Stimme: "Guten Tag, Sie haben sich vor einem Jahr bei uns beworben. Ist Ihr Interesse noch aktuell?" Hannah stutzte und überlegte, was vor einem Jahr gewesen sein könnte. Da bestand noch keine Schwangerschaft. Oh ja, natürlich. Sie hatte sich bei einer großen Firma für den Außendienst beworben. "Selbstverständlich, natürlich...", antwortete sie. Es begann eine Unterhaltung und am Ende, wie ferngesteuert, sagte sie einem Termin zu einem Bewerbungsgespräch zu.

Dabei war sie sich gar nicht sicher, es waren ja gerade erstmal zwei Monate nach der Geburt Leas vergangen und sie wollte doch längere Elternzeit beanspruchen. Außerdem hatte sie mit dem Jobangebot nach so langer Zeit schon gar nicht mehr gerechnet.

Es folgten einige Überlegungen und Gespräche mit ihrem Mann, danach das Bewerbungsgespräch, in dem Hannah sofort eine Zusage erhielt und so entschieden sie sich beide der lieben Finanzen wegen, dass Hannah ihren Job wiederaufnehmen und ihr Ehemann in die Hausmannrolle wechseln sollte.

Hannah brach es das Herz. Bald schon musste sie zur Schulung anreisen und nicht nur Lea in ihren jungen Babyjahren, sondern auch ihren älteren Sohn missen.

Hannah war motiviert, da es sich bei der Firma um ein renommiertes, weltbekanntes Unternehmen handelte. Ein Neuanfang und viel mehr Geld, was dafür sorgen sollte, dass es der kleinen perfekten Familie finanziell gut ging. Trotz des in Aussicht gestellten materiellen Wohlergehens plagte sie ihr Gewissen jeden Tag, der sie von ihren Kindern trennte. Ihr kamen die Tränen, als ihr Mann ihr erzählte, dass ihn Lea in den ersten Nächten der siebenwöchigen Abwesenheit Hannahs nur ansah und lange wartete, bis sie aus ihrem Fläschchen trank. So, als ob sie ihn mit Blicken fragen wollte: "Wer bist Du denn? Wo ist das vertraute Gesicht? Wo ist meine Mama?"

Doch was blieb Hannah übrig, als ihre Gefühle zu unterdrücken und sich jede Woche auf das Wochenende zu freuen, an dem sie ihre Kinder in die Arme schließen konnte.

Die Zeit verging und Lea wurde älter. Schon mit zweieinhalb Jahren drängte sie darauf, mit ihrem Bruder den Kindergarten zu besuchen, der sich übrigens direkt gegenüber dem Haus der kleinen Familie befand. Während andere Kinder, die so jung zum Kindergarten gingen, weinten und ihre Eltern lieber festhielten, schien es Lea sehr zu gefallen "außer Haus zu sein". Die Begleitung ihres großen Bruders machte die Sache sicher leichter, doch sie war charakterlich auch sehr aufgeschlossen, kontaktfreudig, gesellig und fand schnell Freunde. Genau, Freunde, keine Freundinnen. Lea, zwar rosa gekleidet, spielte lieber mit Jungs als mit Mädchen. Hannah dachte, es läge daran, dass sie einen großen Bruder hatte. Es also eine Art Gewohnheit war, mit Jungs zu spielen.

Lea liebte es, mit ihren „Kumpels" und ihrem älteren Bruder mit dem Bobby Car die Einbahnstraße vor ihrem Haus in die verkehrte Richtung herunterzusausen. Es war eine verkehrsberuhigte Zone, doch ging die Straße dermaßen steil bergab, dass Hannah nicht hinsehen konnte. Zum Glück ging dabei immer alles gut. Und Hannah ließ es zu, weil Verbote spannend waren und gerne gebrochen wurden. Fahrrad, Lego, Polizei, Feuerwehr und eigentlich alles, womit sich Jungs beschäftigen, zog Lea dem Spielzeug für Mädchen vor. Den Puppenwagen und die darin liegende, ebenfalls rosa bekleidete Puppe, welche ein Geschenk ihrer Patentante war, stellte sie in die Ecke und die Puppe musste sich von Lea die Haare schneiden lassen. Kurze Haare, wie ein Junge. Ein Puppen-Mädchen lehnte Lea ab. Allerdings wurde auch der Puppen-Junge später in eine Ecke geschmissen.

Es war klar, Puppen waren ein "no go". Und der Puppenwagen wurde als Bobbycar umgerüstet und musste auch, zum Glück ohne Inhalt, die steile Einbahnstraße in Gegenrichtung testen.

Lea stellte fest, "Bobbycars sind robuster als Puppenwagen und Puppen zum Spielen machen für mich keinen Sinn".

Als Lea drei Jahre alt wurde, trennte sich Hannah von ihrem Ehemann. Lea, ihr großer Bruder und Hannah zogen aus dem gemeinsamen Haus aus, in eine weiter entfernte Stadt. Für Leas Bruder, der schon die erste Klasse der Grundschule besuchte, war dieser Schritt sehr schwer. Er liebte seine sichere und gewohnte Umgebung und brauchte immer viel Zeit, um Freunde zu finden, denen er vertraute. Lea hingegen, vielleicht lag es auch an ihrem Alter, aber sicherlich auch an ihrem extrovertierten Charakter, dachte weniger darüber nach und fand in dem neuen Kindergarten schnell wieder neue "Kumpels". Trotzdem gab es einen Unterschied: Sie saß lange am Kindergartenfenster und sah Hannah jeden Morgen sehnsüchtig nach, wenn diese zur Arbeit aufbrach. Der große Bruder, der jetzt die Schule besuchte, fehlte ihr und ebenso die alten Freunde. Zudem war die neue Umgebung ungewohnt. Sie wirkte trotz ihres jungen Alters von drei Jahren irgendwie nachdenklich. Parallel wich die rosa Kleidung und machte der blauen Kleidung ihres älteren Bruders Platz, die sie ohne Einwände weiter anzog. Die Sachen waren wie neu, denn die Oma sorgte dafür, dass ihr Bruder viel zu viel davon besaß und gar nicht alles anziehen konnte.

In diesem neuen Kindergarten weilte Lea nicht lange. Hannah musste mit ihren Kindern nach acht Monaten schon wieder umziehen. Der Vermieter wollte das Haus, welches sie gemietet hatten, verkaufen. Hannah suchte nicht lange und fand ein neues zu Hause für ihre beiden Kinder und sich selbst. Wieder ein neuer Kindergarten für Lea, wieder eine neue Schule für ihren Bruder. Auch hier saß Lea lange an der Ein- und Ausgangstür des Kindergartens und blickte Hannah lange nach, nachdem diese sich von Lea verabschiedete, um zur Arbeit zu fahren. Doch trotz anfänglichem Abschiedsschmerz fand Lea schnell wieder neue "Kumpels". Sie war sehr beliebt bei den Jungs, weil sie eben ein "cooles Mädchen" verkörperte und gerne für jeden Unsinn bereit war.

Es wurde immer offensichtlicher. Je älter Lea wurde, nun, sie war ja erst vier Jahre jung, aber an "Rosa" war nicht mehr zu denken. Die Mädchenabteilung im Kaufhaus war endgültig "out". Selbst in der Innenseite eines Hosenbundes durfte keine rosa Schrift, geschweige denn irgendein blumenähnliches Symbol abgebildet sein. Darauf reagierte Lea beinahe allergisch.

Sie beschloss, nur noch in der Jungenabteilung einkaufen zu gehen. Hannah blieb keine andere Wahl, als das zu akzeptieren.

Eine kleine letzte Anekdote zum Thema Kleidung zum Ende dieses Kapitels:

Leas Oma war mit ihr im Sommerurlaub. Lea war zu dem Zeitpunkt fünf Jahre alt. Die Oma kaufte ihr Sandalen, es war ja schließlich warm. Lea fuhr mit Winterstiefeln los. Als sie die Sandalen anziehen sollte, wurde sie total wütend, schmiss die Sandalen durch die Gegend und schrie, "die ziehe ich niemals an, die sind so blöd." Zum Entsetzen der Oma ging Lea mit Winterstiefeln zum Strand und sogar abends in die Kinderdisco. Sie tanzte fröhlich und selbstbewusst, die Blicke der Zuschauer waren ihr egal. Die Oma amüsierte sich ebenfalls sehr, auch wenn sie sich bei Lea mit der Schuhauswahl nicht durchsetzen konnte.

Die Oma konnte allerdings diese Andersartigkeit nicht verstehen. Für sie musste ein Mädchen eben Mädchen sein. Sie sah die Kinder sehr selten, weil sich ihr Wohnort in einer weiter entfernten Stadt befand.

Sie reiste öfter mit Leas Bruder in den Urlaub, der für sie immer als braves Kind galt, sich anpasste und hörte, wenn man ihm etwas sagte.

Mit dem kleinen Rebell Lea hatte die Oma deutliche Schwierigkeiten, auch wenn sich im Nachhinein einige Urlaubsszenarien als lustig herausstellten. So ging Lea beispielsweise während eines Urlaubstages alleine in die Stadt und kaufte sich Schuhe in Größe 43. Diese waren selbstverständlich zu groß, obwohl sie tatsächlich in ihrem jungen Alter von 10 Jahren schon Größe 41 vorzuweisen hatte.

Lea wollte zeigen, dass sie wirklich (!) ein kleiner "Mann" war.

Ein Rebell von Anfang an

Die Rebellion zeigte sich in zahlreichen Alltagssituationen. Vor allen Dingen gegen den großen Bruder. Hannah fragte sich oft, ob das tatsächlich die "normale" Missgunst unter Geschwistern war. Es war stets extrem. Lea nutzte jede Sekunde, ihren großen Bruder zu ärgern und herauszufordern. Und da dieser sich nichts gefallen ließ, flogen ununterbrochen nicht nur Worte, sondern auch Spielzeuge. Hannah begleitete ständig das Gefühl, Schiedsrichter sein zu müssen und sie verzweifelte sehr oft an diesen zahlreichen, täglichen Streitigkeiten. Hannah machte sich natürlich um die Ursache von Leas Verhalten damals noch keine Gedanken. Leas Bruder war genau das, was Lea sich selbst innerlich schon immer gewünscht hatte zu sein. Nein, nicht nur gewünscht, sie war es ja schon. Ein Junge, verdeckt durch den Mädchenkörper. Somit rebellierte sie nicht nur gegen ihren eigenen Mädchenkörper, sondern auch gegen ihren Bruder, weil er den Körper hatte, den sie zur Vervollständigung ihres Selbst brauchte. Natürlich lief das in dem noch sehr jungen Wesen alles unterbewusst ab. Selbst Hannah als Erwachsene war blind und warum? Weil die gesellschaftlichen Normen den Menschen zur

"Normalität" erziehen. Andere Sichtweisen außerhalb der bekannten gesellschaftlichen und sozialen Grenzen wollen erst erlernt sein, vorausgesetzt man wird damit konfrontiert.

Lea hatte bekanntlich "Kumpels", mit denen oft "Mist gebaut" wurde, was natürlich im Kindergartenalter von sich aus schon entschuldigt wurde. So wurde zum Beispiel mit Tritten versucht, den Müll aus dem Mülleimer an der Bushaltestelle herauszubefördern, bis nicht nur der Müll, sondern das ganze Behältnis auf der Straße lag. Es wurden Fahrradralleys bergab auf Schotter gemacht bis zur Bruchlandung auf dem Gesicht, welches voller Steinchen und blutüberströmt verarztet werden musste. Es wurde an Türen geklingelt und angeblich Spenden eingefordert, um heimlich das Taschengeld aufzubessern. Es wurde verbotenerweise auf den Dächern der Schule herumgeklettert und viele andere solcher Jungenstreiche vollzogen. Judo, Skateboard- und Fahrradfahren wurden dem Gitarrenunterricht und dem Lernen vorgezogen.

Was Hannah sehr verletzte und das Vertrauen in die Wahrheit der zukünftigen Worte Leas brach, war folgende Situation: Lea kam eines Tages nach Hause und hatte angeblich bei einem Freund ihr Handy verloren. Hannah fuhr mit ihr in den Nachbarort zu dem Freund, mit dem Lea am Nachmittag gespielt hatte. Gemeinsam suchten alle, samt der Mutter des Freundes, die kompletten Zimmer des Hauses ab. Sie suchten auf allen Wegen, die draußen begangen worden sind, sowie dem Fußballplatz im Ort. Die Suche dauerte weit über zwei Stunden. Nichts. Kein Handy zu finden. Lea verzog während der ganzen Zeit keine Miene. Das Handy war spurlos verschwunden. Zum Erstaunen Hannahs schien das Ganze Lea "kalt" zu lassen. Sie trauerte in keinster Weise diesem Verlust nach. Erst ein bis zwei Wochen später erzählte sie Hannah, dass ein anderer Freund es ihr weggenommen und sie bedroht hätte, er würde sie schlagen, wenn sie es ihm nicht mindestens eine Woche überlassen wolle.

Hannah hatte keine Ahnung, was sie noch glauben sollte. Sie nahm Kontakt mit dessen Eltern auf und tatsächlich, das Handy war dort. Und Lea wusste das von Anfang an. Sie hatte alle an der Nase herumgeführt und stundenlang suchen lassen. Wieso diese Lügen? Wieso hatte Lea sich ihrer Mutter nicht anvertraut und ihr die Wahrheit gesagt? Das „Warum" wurde niemals wirklich aufgedeckt.

Ging irgendetwas in Lea vor, was sie nicht zeigen wollte? Vielleicht den "coolen Jungen" auszuleben und keine "Mädchenschwächen" zuzugeben? Vielleicht etwas zu offenbaren, was nicht verstanden werden könnte? Vielleicht war der unbewusste "innerliche Kampf" im falschen Körper so anstrengend, dass sie diesen durch den Kampf und das Rebellieren im Außen verdrängen wollte? Vielleicht bedeuteten die Lügen eine Art Selbstverleugnung oder Ablehnung des Lebens als Mädchen? Jeder Erklärungsversuch blieb eine Spekulation, denn Lea war zu jung, um ihr Verhalten zu reflektieren und eine plausible Antwort auf all diese Fragen zu geben.

Dass Leas Rebellieren nicht immer gegen andere, sondern auch gegen sich selbst gerichtet war, zeigt folgende Anekdote: Sie hatte wunderschöne, volle, lange, dunkelblond gelockte Haare. Eine Mähne wie im Bilderbuch. Hannah liebte diese Haare an ihrer Tochter, weil es so ziemlich das einzige war, was sie an ein Mädchen erinnerte. Diese Liebe zu Leas Haaren wich allerdings jedes Mal beim Haarewaschen. Diese Aktion glich eher einem "Shampookrieg" mit lautem Geschrei.

Eines Nachmittags holte sich Lea Schere, Papier, Klebestift und Malstifte aus Hannahs Büro in ihr Zimmer unter dem Vorwand, basteln zu wollen. Hannah dachte sich selbstverständlich nichts dabei und freute sich, dass Lea mal so ganz andere Spielarten ausprobieren wollte. Der Schein trog und es dauerte nicht lange, bis Lea mit einem breiten Grinsen und einem großen Büschel Haare in der Hand wieder vor Hannah auftauchte. Das "Loch" der fehlenden Haare direkt vorn über der Stirn war unübersehbar. Hannah erstarrte zunächst, dachte, Lea sei verletzt, aber nein, es waren nur abgeschnittene Haare. Ihr blieb fast der Atem stehen. Diese "Lichtung" inmitten der langen und dichten Mähne konnte man nicht mehr retten.

"Was hast Du gemacht?", fragte Hannah erschüttert, obwohl sie es ja deutlich sehen konnte. Ihr fiel in diesem Moment keine passende Erwiderung ein.

"Diese bekloppten Haare, ich will die nicht mehr, ich will keine langen Haare mehr", platzte es nur so aus Lea heraus. Die Wut war ihr ins Gesicht geschrieben.

Jede Aufregung führte zu nichts, es musste ziemlich schnell der rettende Friseurbesuch terminiert werden.

Was die Auszubildende, welche meist bei Kinderhaarschnitten beauftragt wurde, erwartete, konnte keiner – zum Glück – ahnen. Der Termin wäre wohl sonst nie vergeben worden.

Lea erhoffte sich mit dem neuen Haarschnitt eine Verwandlung in einen Jungen, was sicherlich einer geübteren Hand bedurfte. Als die junge Auszubildende ihre Wünsche hörte, die langen Haare abzurasieren, konnte man genau den Verlauf ihrer hektischen Flecken am Dekolletee verfolgen. Sie blickte Hannah fragend an und dachte sich bestimmt, "wie kann eine Mutter so etwas erlauben?" Sie fing an, stückchenweise die Länge zu reduzieren, bis sie einen ziemlich braven und konservativen Pagenkopf kreiert hatte. Ihre hektischen Flecken vermehrten sich, streuten in ihr Gesicht und sprangen dann an den Hals von Lea. "Das kann nicht sein, wie sehe ich denn aus? Wie eine Oma? Das ist grausam, das ist schrecklich. So gehe ich nie wieder in die Schule, so gehe ich erst gar nicht aus diesem Friseurgeschäft hinaus", brüllte Lea entsetzt und wutentbrannt.

Die Auszubildende, welche sich zwischendurch vor lauter Nervosität schon dreimal in die Finger geschnitten hatte und diese nun mit Pflastern umklebt waren, hörte auf zu schneiden. "Ich mach nicht weiter, ich kann das nicht", erwiderte sie und wandte sich hilfesuchend an ihre Kolleginnen.

Lea schwang sich mit ihrem Friseurumhang wie Batman von dem Friseurstuhl und kroch blitzschnell unter einen Stuhl in dem kleinen Warteraum, der die Mitte des Friseursalons ausmachte. Unter diesem Stuhl machte sie ihrer Wut weiterhin lautstark Luft, "nie wieder gehe ich hier raus, bis ich eine gescheite Frisur habe." Hannah versuchte sie zu beruhigen, aber nichts half. Die Kunden in dem Geschäft schauten Hannah forsch, vorwurfsvoll und manche auch mitleidig an. Der große Bruder war auch mit dabei und wäre am liebsten im Erdboden versunken vor lauter Peinlichkeit. Die Chefin des Ladens eilte rettend herbei, kniete sich neben Leas Versteck und versuchte diese zu beruhigen, "Lea, ich mache nur noch eine Kundin fertig und dann schneide ich dir die Frisur, die du willst, ok?"

Ein brummendes "Ja" murmelte die völlig verheulte Lea, die sich unter dem Stuhl zusammenkauerte. Es wurde still. Puh, Erleichterung, wenigstens Ruhe. Nach einer Weile saß Lea wieder auf dem Friseurstuhl. Die Chefin setzte ihre ganze Erfahrung als Frisurenkünstlerin und auch Psychologin ein und machte kurzen Prozess. Der Nacken wurde auf Leas Wunsch hin ausrasiert und auf dem Oberkopf der verbleibende zurechtgeschnittene Schopf mit Haargel nach hinten gestylt.

Die Verwandlung zum Jungen war nach langem Aufruhr und einem eher peinlichen Theaterstück geglückt. Lea strahlte wieder. Die Friseurin war die Heldin des Tages und Lea konnte mit ihrer Mutter und ihrem Bruder endlich zufrieden dieses Friseurgeschäft verlassen.

Ab diesem Tag war Lea in der Öffentlichkeit nicht mehr als Mädchen zu erkennen.

Beim Shoppen fragten die Verkäufer immer, "was kann ich denn für den jungen Mann tun?" Hannah korrigierte diese daraufhin und erwiderte, "das ist kein junger Mann, es ist ein Mädchen. Zwar mit sehr kurzen Haaren, aber ein Mädchen." Leas Gesicht lief bei dieser Erklärung ihrer Mutter stets dunkelrot an. Sie sagte aber nichts und das auch mehrere Jahre nicht.

Doch irgendwann platzte es aus ihr heraus, "Mama, du sollst nicht immer sagen, dass ich ein Mädchen bin. Das will ich nicht. Es ist doch gut, dass alle denken, ich bin ein Junge. Ich will es so. Sag das nicht mehr. Das ist peinlich."

Da zu Hannahs Philosophie als Erziehungsberechtigte dazugehörte, ihre Kinder ernst zu nehmen und in ihrer Persönlichkeit zu schätzen, hat sie von diesem Zeitpunkt an nie wieder jemand eines Besseren belehren wollen.

Nicht nur Verkäufer, auch Ärzte und alle, die Lea noch nicht kannten, erkannten sie nicht als Mädchen. Lea wurde überall als Junge wahrgenommen.

Und Hannah blieb des lieben Frieden willens nichts anderes übrig, als ihr Wissen um ihre Tochter zu verbergen und Leas Wunsch, ein Junge sein zu wollen und auch als dieser erkannt zu werden, Folge zu leisten.

Der Weg beginnt

Die nächsten Tage offenbarten Hannah, was Lea in den Wochen, in denen sie sich zurückzog, für sich alles recherchiert hatte. Lea zeigte ihrer Mutter Videos auf "YouTube "und zahlreiche Berichte über Transsexualität, über die Vorgehensweise der Operationen und was alles möglich war. Sie wusste Bescheid über den Werdegang berühmter Personen, die Geschlechtsumwandlungen haben vollziehen lassen und hatte sogar schon Adressen von Ärzten und Kliniken zur Hand. Es wurde immer deutlicher: So etwas macht ein 11-jähriges Kind nicht aus Langeweile und zur üblichen Freizeitbeschäftigung. Sie meinte es wirklich ernst. Dennoch schwebte ein gewisser Zweifel in Hannah, da ihre Tochter noch so jung war. „Vielleicht verändert sie sich noch, vielleicht wächst sich das Ganze noch heraus?", dachte Hannah. Vielleicht waren dies aber auch nur klägliche Reste ihrer Wunschvorstellung. Der Vorstellung, wie es die Normen vorgeben. Vielleicht auch Hannahs unterbewusst egoistische Vorstellung, sich in einer perfekten Familie mit einem großen Sohn und einer jüngeren Tochter zu wiegen, um mit dieser im passenden Alter Frauenshopping, Zöpfe flechten, schminken etc. zu unternehmen, was ihr möglicherweise als älter werdenden Frau ein Stück Mädchenhaftigkeit zurückgeben oder etwas in ihrer eigenen Kindheit und Jugend "Verpasstes" ausgleichen könnte.

"Nein, das ist nicht der Sinn einer mütterlichen Unterstützung", dachte Hannah und entschloss sich, mit ihrem Kind in ein spannendes Neuland einzutauchen.

Die ersten Schritte

Hannah suchte nicht lange nach einer Literatur, um sich eingehend mit diesem neuen Thema zu beschäftigen. Denn der Literaturmarkt war spärlich besät zu dem Thema, geschweige denn passend zu dem jungen Alter ihrer Tochter. Hannah bestellte sich das Buch "Wenn Kinder anders fühlen, Identität im anderen Geschlecht", ein Ratgeber für Eltern, Ernst Reinhardt Verlag, Autorinnen: Stephanie Brill und Rachel Pepper. Das Buch fesselte sie, da es eine sehr gute Mischung aus Wissenschaft, Fallbeispielen und einfachen Erklärungen darstellt. Je mehr sie sich darin vertiefte, wurde ihr so vieles klar. Antworten auf Fragen, die sie sich schon lange gestellt hatte.

Diese Fragen lauteten unter anderem:

- Warum rebelliert Lea so heftig gegen den größeren Bruder?
- Warum schreit sie, wenn Hannah ihr ihre wunderschönen langen Haare wäscht und kämmt?
- Warum ist sie so wütend, wenn sie im Sommer Sandalen anziehen soll? Sie zieht bekanntlich Stiefel an, sogar am Strand.

- Warum denkt Lea sich ständig Jungennamen aus, wie Olli oder Adel, und will vor allen anderen Menschen mit diesen Namen angesprochen werden? Wenn man dieses Spiel mitspielte, war sie stolz und blickte um sich, als wolle sie der ganzen Welt verkünden, dass sie ein Junge ist.

Am meisten aber beruhigte Hannah die Erkenntnis auf einen quälenden Gedanken, der sie schon lange verfolgte, "warum begleitet mich schon so lange das Gefühl, meine Tochter nie groß werden zu sehen? Ich kann sie mir nicht als erwachsene Frau vorstellen. Bei ihrem Bruder kann ich aber die Entwicklung zum Mann fühlen. Da mache ich mir keine Sorgen. Was kann das sein? Passiert ihr etwas?" Lea verhielt sich ja auch oft extrem wild. Dass sie mit dem Bobby Car und mit dem Fahrrad auf Schotterpisten im Wald die Berge herab sauste und ihr Gesicht dabei beim Sturz komplett durch den Schotter zog, war nicht das einzige Ergebnis ihrer Mutproben. So hatte Hannah stets Angst, es könnte etwas Schlimmeres passieren.

Die Antwort auf diese Fragen war nun gegeben. Das Mädchen ist nur die körperliche Hülle, die Lea fallen lassen wird. Im Inneren lebt ein Junge, doch der ist noch nicht geboren. So tragisch es sich anhört: Das Mädchen stirbt, damit der Junge geboren werden kann. Und dabei muss Hannah ihr behilflich sein und ihr beistehen. Trotz der durch die Lektüre erzeugten innerlichen Beruhigung, fuhren Hannahs Emotionen Achterbahn. Obwohl sie sehr offen war und keine Hemmungen hatte, den Weg mit Lea anzutreten, zumal diese ja noch nie das typische Mädchen war, heulte Hannah "Rotz und Wasser". Es war eine emotionale Beerdigung ihrer Tochter und gleichzeitig erneuter Geburtsschmerz durch den neuen Sohn. Hannah versteckte ihre Tränen, machte ihre Gefühle mit sich selbst aus. Sie musste stark sein für die bevorstehenden Aufgaben und ihrer Tochter das Gefühl bedingungsloser Unterstützung geben.

Gleichzeitig auch Leas größerem Bruder weiterhin die Aufmerksamkeit schenken, die er für seine Entwicklung benötigte. Sie wollte beiden Kindern gerecht werden.

Nun war der Zeitpunkt gekommen, an dem sich Hannah an das "ER" gewöhnte. Es ist also auch an der Zeit, in diesem Buch nicht mehr das "Sie" zu verwenden, wenn es um Lea geht.

Es war eindeutig, "ER" ist die "richtige" Identität.

Hannah fragte ihren "neuen" Sohn aus einem Gedanken heraus per SMS, da sie gerade für einige Tage verreist war: "Wie möchtest du denn heißen als Junge?" "Ryan", schrieb er ihr umgehend zurück und es kam selten vor, dass er seiner Mutter in Sekundenschnelle antwortete. "Ich möchte auch KOMPLETT als Junge akzeptiert werden", folgte dann als zweite Antwort per SMS.

Das waren erneute klare, eindeutige Worte und die Antwort erfolgte sehr spontan, ohne langes Überlegen. Dies war schließlich auch nicht erforderlich, denn seine Identität stand für ihn schon lange fest. Diese kurzen, präzisen und so eindeutigen SMS - Botschaften legten einen weiteren Meilenstein für eine weite, lange und abenteuerliche gemeinsame Reise.

Hannah suchte im Internet nach der weiteren Vorgehensweise. Das bereits erwähnte Buch gab dazu einige Tipps. So stieß sie auf die Internetseite der DGTI (Deutsche Gesellschaft für Transidentität und Intersexualität). Diese bot ein Meer an Informationen, allerdings war die Liste der behandelnden und mit dem Thema vertrauten Kinderpsychologen im näheren räumlichen Umkreis eher mit der Größe eines Regentropfens gleichzusetzen. In den großen Städten, wie Berlin, Hamburg, Frankfurt usw. boten sich mehrere Adressen an. "Aber zu weit weg, um einfach mal einen Beratungstermin zu vereinbaren", dachte sich Hannah. Sie machte auf Verdacht einfach einen Termin in einer Klinik für Jugendpsychiatrie in der Nähe, da eine Abklärung und Diagnose für ein weiteres Vorgehen wichtig waren. "Irgendein Anfang muss ja sein und wenn dort keine Fachleute für das Thema Transidentität sein sollten, kennen diese vielleicht die passenden Adressen", Hannah redete sich gut zu. Sie bekam einen Termin für Ryan, allerdings mussten sie mehrere Monate darauf warten.

Ryan war aufgeregt, als es endlich soweit war. Hannah ebenso. Die erste Fahrt gemeinsam, in der Hoffnung, den ersten bedeutenden Schritt zu tun.

Die Psychologen waren sehr freundlich, stellten viele Fragen, um ihren Anamnesebogen auszufüllen. Allerdings gaben sie letztendlich zu, mit dem Thema Transidentität nicht wirklich vertraut zu sein, aber sich zu bemühen, die richtige Adresse ausfindig zu machen. Es wurde ein zweiter Termin vereinbart, der sich allerdings "nur" als eine Art Weitervermittlung herausstellte. Diese Klinik war nicht in der Lage, eine Transidentität zu diagnostizieren und zu bestätigen. Sie vermittelten Ryan nach Frankfurt in die Uniklinik. Dort sollten die passenden Fachärzte sein.

"Nun doch die Großstädte, die so weit weg sind", dachte Hannah. Sie telefonierte allerdings sofort, als sie wieder zu Hause waren, mit der Frankfurter Uniklinik, um einen baldigen Termin auszumachen. Dieser neue Termin sollte erst in sechs Monaten möglich sein. Ein halbes Jahr Stillstand. Und dass, nachdem Ryan und Hannah schon so lange auf den ersten Kliniktermin gewartet hatten.

Für Ryan eine psychische Tortur. Für Hannah ebenso, denn sie musste jede Enttäuschung, die ihn immer wieder an sein "Frausein" erinnerte, emotional abfangen.

Ryan war zu seinem großen Bedauern als Mädchen schon sehr früh körperlich weit entwickelt. Die monatliche Periode, die bei ihm schon mit 12 Jahren begann, störte ihn ungemein. Während dieser Zeit verkroch er sich in seinem Zimmer und war kaum ansprechbar. Um die störende Brust "unsichtbar" zu machen, versteckte sie Ryan anfangs unter weiten T-Shirts und zog enge Bustiers an. Die handelsüblichen Bustiers aus dem Kaufhaus brachten allerdings ab einem gewissen Zeitpunkt nicht mehr das gewünschte Ergebnis. Also suchte Ryan im Internet nach einer Lösung für sein Problem. Er entdeckte die Firma gc2b aus Amerika, die Binder verkaufte, welche bequem und funktionell sein sollten. Hannah bestellte ihm zunächst ein Exemplar zur Probe, da es mit 60 bis 80 Euro je nach Bindermodell eine kostspielige Angelegenheit für ein kleines Unterwäschestück war. Die Lieferung dauerte mehrere Wochen und es kam hinzu, dass das Päckchen beim Zollamt abgeholt werden musste, was zusätzliche Kosten produzierte und zusätzliche Zeit in Anspruch nahm.

Aber es lohnte sich. Der Sitz war perfekt und die Brust war wie "weggezaubert". Ryan strahlte und freute sich. Also wurden künftig mehrere dieser Exemplare bestellt und auch die bekannten Wege zum Zollamt in Kauf genommen. Mehr als nur Kleinigkeiten, die über die lange Wartezeit bis zu dem nächsten Termin in Frankfurt hinwegtrösteten, da sie immer wieder kleine Schritte in die gewünschte Richtung boten.

In ihrer Freizeit beschäftigte sich Hannah täglich mit dem Thema Transidentität, schaute Videos, las Artikel und Berichte im Internet und forschte nach der Reihenfolge des Vorgehens bezüglich einer Wandlung in das andere Geschlecht. Doch ohne diesen wichtigen Termin in Frankfurt waren ihr die Hände gebunden, weitere Schritte für Ihren Sohn einzuleiten. Sie konnte keine präzise Diagnose hinsichtlich der Transidentität ihres Sohnes aus der ersten Klinik vorweisen, so dass sie sich an kein Gericht zwecks Namens- und Personenstandsänderung (Änderung des Geschlechts in den amtlichen Unterlagen) und auch an keinen Endokrinologen zwecks Hormontherapie mit pubertätshemmenden Medikamenten oder männlichen Hormonen wenden konnte.

Geduld war gefragt, Geduld, die vor allen Dingen Ryan nicht hatte.

Wie gut, dass er zu dem Zeitpunkt noch nicht wusste, wieviel Geduld auf seinem Weg noch nötig war.

Der langersehnte Termin

Es war soweit. Endlich. Schon Tage, nein, eine gefühlte Ewigkeit vorher freute sich Ryan auf diesen Tag. Die Fahrt nach Frankfurt wurde feierlich zelebriert. Kurz vor dem Ziel führte der Weg direkt durch die Skyline der Stadt. "Beeindruckend", dachte sich Hannah, während Ryan unendlich viele Fotos und Videos vom Beifahrersitz aus machte. Die Parkplatzsuche forderte heraus, Hannah fuhr mindestens dreimal um die Klinik, bis sie das Auto sicher parken konnte. Vom Auto noch eine Weile zu Fuß, bis zur richtigen Eingangstür. Einen langen schmalen Flur entlang bis zur Anmeldung, dann der Schock:

Der Arzt, auf den Ryan seit sechs Monaten gewartet hatte, weil er genau der Fachmann auf dem Gebiet der Transidentität sein sollte, war nicht anwesend. Ganz spontan hatte er wohl familiäre Verpflichtungen. Ryan und Hannah ist fast "alles aus dem Gesicht gefallen". "Das kann doch jetzt nicht wahr sein, wir haben so lange auf diesen Termin gewartet und hatten eine lange Anreise. Warum haben Sie uns nicht informiert?", Hannah musste sich sehr zusammenreißen, um sich nicht ganz im Ton zu vergreifen.

"Für Sie ist jetzt eine vertretende Ärztin da", murmelte die Assistentin unfreundlich hinter der Anmeldung.

Eine Ärztin, Ryan wollte unbedingt von einem Mann angehört und behandelt werden. "Ist diese denn auch Fachfrau bezüglich Transidentität?", fragte Hannah anschließend. Wieder unfreundlich und patzig erwiderte dieselbe Assistentin hinter der Anmeldung, "die Ärztin ruft Sie gleich auf". Der erste Eindruck dieser Klinik war eingeloggt. Ein erster Eindruck dauert bekanntlich acht Sekunden. Dieser war enttäuschend, unfreundlich und abweisend. Für ein solches Fachgebiet hätte Hannah für ihren Sohn und auch für andere Jugendliche in derselben Situation deutlich empathischere Personen an der Anmeldung einer Klinik erwartet.

"Ryan bitte", die junge Vertretungsärztin bat Ryan und Hannah in ihr Sprechzimmer. Sie stellte sich vor und schien einen netten Eindruck zu machen.

Auch sie stellte die üblichen Fragen, die Ryan schon aus der ersten Klinik kannte: Wie steht er zu seiner Familie? Akzeptiert die Familie seinen Wunsch, als Junge zu leben? Wie lange fühle er sich schon als Junge? Wie gehen Lehrer und seine Freunde damit um? Was sind seine Hobbys usw. Lauter Fragen, um die Diagnose "Transidentität" zu sichern. Diese Diagnose ist erforderlich, um weitere Schritte einzuleiten, wie zum Beispiel eine Hormontherapie, aber auch den Antrag bei Gericht für eine Namens- und Personenstandsänderung. Nach etwa zwei Stunden ließ die Ärztin Ryan und seine Mutter mit den Worten wieder gehen, "ein Bericht folgt".

Dieser Bericht sollte Ryan seine Transidentität bestätigen.

Auf den Bericht wartete Ryan erneut ungefähr zwei Wochen.

Nun, der Bericht schien eindeutig, bis auf den letzten entscheidenden Satz:

"Von einer hohen Wahrscheinlichkeit einer lebenslangen Persistenz der Symptomatik kann aktuell noch nicht sicher ausgegangen werden, so dass momentan noch keine irreversiblen Maßnahmen eingeleitet werden sollten."

Dieser Satz war die Handbremse für schnelle künftige Maßnahmen. Um sich selbst vor Fehlentscheidungen zu schützen und ihre bürokratischen Vorsätze einzuhalten, sprachen sich die Ärzte gegen "irreversible Maßnahmen" aus. Eine Verabreichung des männlichen Hormons Testosteron wäre eine solche "irreversible Maßnahme" gewesen.

Allerdings nicht eine Hormontherapie mit pubertätshemmenden Präparaten. Diese ist reversibel, d.h. nach einem Absetzten läuft die für den Zeitpunkt der Einnahme blockierte pubertäre Entwicklung des Körpers und der Geschlechtsorgane weiter. In so jungen Jahren, wie Ryan es war, ist es sowieso erforderlich, dass eine Hormontherapie mit pubertätshemmenden Mitteln einer Therapie mit Testosteron ungefähr acht bis neun Monate vorausgeht.

Somit war Ryan mit dem Inhalt des Berichtes und der weiteren, erlaubten Vorgehensweise einverstanden und zufrieden. Vorerst zumindest.

Endlich Endokrinologie

Die Uniklinik Frankfurt empfahl in Verbindung mit dem Bericht einen Kinder- und Jugendendokrinologen in derselben Stadt, der sich um die Einstellung mit den pubertätshemmenden Medikamenten kümmern sollte. Hannah vereinbarte schnellstmöglich einen Termin, auf den Ryan nicht so lange warten musste. Ein paar Wochen dauerte es schon, allerdings keine zermürbenden Monate. Wieder zelebrierte Ryan die Vorfreude und die Autofahrt nach Frankfurt. Wieder durch die Skyline, doch diesmal ein schnelles Finden der Arztpraxis. Nette Damen an der Anmeldung, kurze Wartezeit. Das Programm beinhaltete das Ermitteln von Körpergewicht, Körpergröße und Blutwerten und ein nettes Gespräch mit dem Arzt zur Abklärung der weiteren Vorgehensweise.

"Da scheint ja mal was gut zu klappen", dachte sich Hannah, ohne zu ahnen, dass das Blatt sich noch wendet. Ryan wurden für die nächsten neun Monate pubertätshemmende Spritzen verordnet. Jeden Monat sollte er eine erhalten und die erste bekam er gleich vor Ort. Immer in den gleichen Zeitabständen von 28 Tagen sollte die nächste Spritze verabreicht werden. Das könnte die Hausärztin tun. Ein großer Erfolg! Erstmal keine langen Fahrten mehr, denn die Hausärztin hatte ihre Praxis im Nachbarort. Der weibliche Biozyklus und die weitere Entwicklung in Richtung Frau wurden nun ab diesem Zeitpunkt gehemmt. Ryan dachte zufrieden, "nun hört alles auf, was mit Frausein zu tun hat." Ein Kind mit 12 Jahren hatte die Vorstellung, dass nun alles einen rasanten Verlauf annimmt. Zunächst mehr als ein gutes Gefühl. Beflügelt, glücklich und guter Dinge ging die Reise wieder nach Hause mit der Aussicht auf eine nunmehr zielgerichtete Vorgehensweise. Der Endokrinologe bestellte Ryan in einem halben Jahr wieder ein, zur Kontrolle und mit der Aussicht auf ein eventuelles Beginnen einer angepassten Testosterondosis zusätzlich zur Pubertätshemmung, wenn seine Blutwerte in Ordnung blieben. Zudem sollte sich Ryan seiner Entscheidung zu dieser dann nicht mehr reversiblen Therapie mit Testosteron absolut sicher sein.

Dass allerdings die Entscheidung nicht von Ryan und seinen Eltern alleine abhängig war, erwähnte der Arzt nicht.

Therapeutensuche und Therapeutenfindung

Damit in der Zukunft weitere Schritte wie die Testosterongabe sowie die geplanten Operationen von der Krankenkasse übernommen werden, benötigte es zusätzlich zu den ärztlichen "Verlaufskontrollen" einer regelmäßigen psychologischen Therapie. Die psychologische Betreuung war auch dahingehend wichtig, dass künftig ein Antrag auf Namensänderung und Personenstandsänderung vor dem zuständigen Amtsgericht gestellt werden konnte. Nähere Ausführungen und Erklärungen dazu sind in dem entsprechenden Kapitel ab Seite 68 zu finden. Hannah begab sich erneut auf die Suche nach möglichen Therapeuten, was sich wiederum als nicht ganz einfach herausstellte. Denn in Wohnortnähe fand sie so gut wie keinen, der sich ausreichend mit dem Thema Transidentität, besonders bei Kindern und Jugendlichen, auskannte. Obwohl Hannah es liebte, auf dem Land zu wohnen, wäre für dieses Vorgehen ein Wohnort in einer Großstadt, wie beispielsweise Berlin oder Hamburg , vorteilhafter gewesen.

Blieb etwa wieder nur die Alternative, ständig weite Fahrten zu machen?

Der erste Therapeut, den sie aufsuchten, weil die Praxis örtlich sehr nahe gelegen war, gewann beim Erstgespräch Ryans und auch Hannahs Sympathie in keinster Weise. Er wirkte eher so, als ob er Ryan die Transidentität "wegtherapieren" wollte, als ihm unterstützend durch die Zeit zu verhelfen. Somit blieb es bei diesem einen Gespräch und Hannah suchte weiter nach der passenden Person für eine empathische und langjährige psychologische Begleitung ihres Sohnes.

Sie fragte schließlich die Ärztin aus Frankfurt, ob in deren Netzwerk eventuell ein Therapeut oder eine Therapeutin in der räumlichen Wohnortnähe zu finden ist. Hannah bekam tatsächlich eine Empfehlung.

Die Therapeutin war zwar nicht "gerade um die Ecke", sollte allerdings mit dem Thema Transidentität bei Kindern und Jugendlichen Erfahrungen haben. Hannah vereinbarte für ein erstes Kennenlerngespräch einen Termin. Die Fahrt mit dem Auto führte auf einer Landstraße entlang und dauerte über eine Stunde. Ständig verlangsamten Lastkraftwagen und landwirtschaftliche Nutzfahrzeuge die Fahrt und forderten zum Überholen heraus. Doch Hindernisse waren

Hannah und Ryan ja gewohnt. Sie nutzten die Zeit, um zu reden, was der Alltag nicht immer zuließ.

Die Therapeutin war beiden sofort sympathisch. Ryan verstand sich mit ihr auf Anhieb. Das bedeutete, dass die wichtigste Voraussetzung für eine erfolgreiche, länger andauernde, psychologische Therapie gegeben war. Hannah vereinbarte somit weitere Termine, erstmal in einem Abstand von 3-4 Wochen.

Ein weiterer wichtiger Schritt in Richtung "Ziel" war getan.

Für die ärztlichen Verlaufskontrollen und für die Endokrinologie war vorerst Frankfurt die Anlaufstelle und für die Regelmäßigkeit der psychologischen Gespräche die nette Kinder- und Jugendpsychologin.

Dass sich allerdings noch viele Therapeuten, Therapeutinnen und Ärzte künftig dazugesellen und es zudem etliche Ortswechsel hinsichtlich des weiteren Vorankommens zum "Ziel" geben wird, war Ryan und Hannah – zum Glück – zunächst nicht bekannt.

Der Rückschlag

Dass das "Frausein" nun komplett gestoppt werden würde, entpuppte sich als Trugschluss. Der monatliche Biozyklus ließ sich nicht so schnell überlisten und die Periode setzte nach der ersten pubertätshemmenden Spritze erneut in vollem Umfang ein. Auch nach der zweiten Spritze zeigte sich keine Veränderung des Zustandes. Ebenso nach der dritten Spritze offenbarte sich das gleiche Bild, obwohl die Blutung jetzt schon etwas schwächer wurde. Hannah versuchte ihr Kind zu trösten, denn ihr war bewusst, dass ein Körper Zeit zur Umstellung braucht, vor allen Dingen, wenn er schon so weit entwickelt war.

Weil Ryan in sein "Unglücklichsein" und seine Ungeduld zurück verfiel, telefonierte Hannah mit den Ärzten aus Frankfurt, welche allerdings dasselbe sagten: "Es braucht Zeit. Das ist alles ganz normal. Ihr Sohn muss Geduld haben. So etwas geht nicht von heute auf morgen."

Keine leichte Aufgabe, Ryan klarzumachen, dass alles andere "Zauberei" wäre.

Nicht nur für Ryan eine schwierige Zeit, sondern auch für seine Mutter, die immer wieder motivieren musste, nicht aufzugeben und weiter an den Weg und das Ziel zu glauben.

Ryan und Hannah fuhren eines Tages von einem Besuch zurück nach Hause. Hannah spürte schon den ganzen Tag, dass wieder etwas mit Ryan nicht stimmte. Sie versuchte während der Fahrt zu erfragen, warum er traurig ist. Dabei schaute sie ab und zu, wenn der Straßenverkehr es zuließ, zu Ryan hinüber, der auf dem Beifahrersitz kauerte. Er schob sich, wahrscheinlich aus Versehen und ohne darüber nachzudenken, etwas zu enthüllen, die Ärmel seines Sweatshirts bis zu den Ellenbogen hoch. Ihm schien warm zu sein. Beim nächsten Blick zur Seite entdeckte Hannah Schnittwunden an Ryans linkem Unterarm. "Was hast Du denn da gemacht? Du bist verletzt", fragte Hannah, obwohl sie bereits ahnte, was das für Verletzungen sind. "Nichts", antwortete Ryan und zog sich schnell die Ärmel wieder herunter.

Den Rest der Fahrt schwiegen beide.

Zu Hause angekommen bat Hannah ihren Sohn ihr zu erzählen, warum er diese Verletzungen hatte. Hannah wollte den ganzen Arm sehen. Ryan sträubte sich zuerst, aber er wusste, dass seine Mutter nicht nachgeben würde. Also zog er sein Sweatshirt aus und zeigte seiner Mutter den ganzen Arm. Seinen linken Arm. Sein linker Arm war an unzähligen Stellen aufgeritzt. Lauter blutverkrustete Linien kreuz und quer.

"Warum?", fragte Hannah.

"Weil es eh alles nichts bringt." Ryan wirkte resigniert und hoffnungslos.

"Das hätte schief gehen können, dein ganzer Arm ist verletzt. Da sind Schnitte ganz in der Nähe einer großen Vene."

"Ja, sollte ja auch schiefgehen, ist es aber leider nicht."

Hannah war für einen Moment sprachlos. Sie hatte sich unendlich für ihn ins Zeug gelegt. Sie hatte seit fast einem Jahr alles mögliche in die Wege geleitet, um ihm zu seiner wahren Identität zu verhelfen. Jetzt war sie völlig fassungslos, dass ihr Sohn alles zunichte machen wollte, nur weil die Dinge sich nicht in Lichtgeschwindigkeit entwickelten.

"Sag mal, meinst du wirklich, dass Aufgeben jetzt die richtige Entscheidung ist? Soll alles, was wir bis jetzt in die Wege geleitet haben, umsonst gewesen sein? Dann können wir gleich aufhören mit dem ganzen Kampf. Wir machen das doch alles für dich, damit Du glücklich wirst. Nur man kann nicht von heute auf morgen eine Frau in einen Mann verwandeln, das braucht alles Zeit."

Hannah und auch Ryan brachen beide in Tränen aus.

Während sie so da saßen und schluchzten, erfuhr Hannah noch weitere schockierende Nachrichten aus seinem Seelenleben: Er erzählte ihr von seinem Vorhaben, letztes Silvester, sich von einer Brücke stürzen zu wollen. Er hatte sich die Brücke bereits ausgesucht und in Gedanken sein Vorgehen geplant. Silvester sei ein cooles Datum für einen Selbstmord, meinte er. Irgendetwas hätte ihn dann doch zurückgehalten. Er erzählte ihr auch von früheren Versuchen, sich die Arme aufzuritzen und präsentierte ihr blutige Mullbinden und eine Packung Rasierklingen aus seinem geheimen Zimmerversteck.

Für Hannah brach innerlich eine halbe Welt zusammen. Von der ersten Sekunde seines "Outings" an unterstützte sie ihn, praktisch und emotional. Sie versuchte alles, um die Entwicklung der Vorgehensweisen zu beschleunigen, weil sie ihn verstehen konnte.

Sie dachte, es wäre Ryan klar, dass sie immer für ihn da sein wird, dass er immer mit ihr reden kann, dass Vertrauen zwischen beiden herrschte und dass sie alles versuchte zu unternehmen, damit er glücklich wird. Und nun? Gedanken an Suizid? Es fühlte sich für Hannah so an, als ob gerade alles in Frage gestellt wird und ihr der Boden unter den Füßen weggerissen wurde.

"Was kann ich noch glauben? Was soll ich jetzt tun, um wieder zu vertrauen?", fragte sie sich.

Wie lange wird sich ab jetzt wieder etwas in den Emotionen ihres Sohnes aufstauen, bis er ihr die Wahrheit aus seinem Seelenleben präsentiert? Hannah war bewusst, dass sie darauf keine Antwort erhielt.

"Wir machen weiter", sagte sie zu Ryan, "wenn du es willst und ich dir vertrauen kann, dass du dir nichts antust. Das musst du mir versprechen. Wir gehen den Weg gemeinsam. Aber bitte, habe Geduld. Es ist für uns beide nicht leicht. Wir müssen stark sein und wir werden es schaffen."

Mit noch verweinten Augen und den Kopf an Hannahs Schulter gelehnt, nickte Ryan zustimmend.

Hannah zögerte nicht lange und nahm sofort am nächsten Tag Kontakt mit der Therapeutin auf. Trotz der Aussprache und des Versprechens von Ryan, sich nichts anzutun, spürte Hannah absolute Gefahrenstufe rot. Irgendetwas in ihr konnte nicht sofort vertrauen. Die Gedanken von früher "Ich kann mein Kind nicht groß werden sehen, möglicherweise stirbt es, oder es passiert etwas schlimmes" schossen in ihren Kopf und erzeugten einen Sturm der Gefühle.

Die Therapeutin wollte Ryan umgehend in eine geschlossene Psychiatrie einweisen. Suizidgedanken seien ernst zu nehmen, mit oder ohne gegenseitige Versprechen. Ein Jugendlicher müsse in dem Fall vor sich selbst geschützt werden.

Hannah motivierte sich selbst, stark zu bleiben, stark für Ryan. Dabei war sie in Wirklichkeit gerade schwach, ratlos und ausgelaugt.

Die Therapeutin telefonierte mit der Station, auf die Ryan eingewiesen werden sollte. Es handelte sich um eine Klinik in der räumlichen Nähe, die keinen besonders guten Ruf hatte, aber aufgrund des Wohnortes für den Notfall zugewiesen werden musste. Ryan konnte sich also keine Einrichtung aussuchen, er musste die vorgeschriebene Klinik akzeptieren. Am Telefon bekundete der Bereitschaft habende Arzt der Therapeutin, es sei so viel zu tun, deshalb hätte er heute keine Zeit für eine Neuaufnahme.

"Sollte das ein Witz sein? Ein suizidgefährdetes Kind ist doch ein Notfall, so etwas kann doch nicht einfach wegen Zeitmangel ignoriert werden", dachte Hannah und spürte deutlich einen Moment der Fassungslosigkeit.

Der Arzt bat Ryan ans Telefon und versuchte ihn zu überreden, sich bis zum morgigen Tag nichts anzutun. Denn morgen sei dann wieder Zeit für eine Neuaufnahme. "So wird also mit diesem Thema und mit Notfällen umgegangen", Hannah war enttäuscht und schockiert.

"Suizid passt heute mal nicht rein, da hofft man doch, dass dieser bis morgen nicht ausgeführt wird." Auch die Therapeutin redete auf Ryan ein, bis dieser nun schon das dritte Versprechen bekundete, sich nichts anzutun.

Zurück zu Hause. Ryan packte seine Tasche für die Klinik. Morgen nach der Schule sollte es dann in die geschlossene Station gehen. Hannahs Gefühle und Gedanken würden ein extra Kapitel füllen, doch jede Mutter und jeder Vater, die ihr Kind lieben, können diese Emotionsflut auch ohne Worte nachvollziehen.

Ryan kam am nächsten Tag von der Schule. Es herrschte eine bedrückende Stimmung zwischen ihm und seiner Mutter. Beide warteten auf den Vater, der sie zum Aufnahmetermin in die Klinik begleiten wollte. Der Vater trat sodann mit einer Gesichtsmine in den Raum, die viele Fragen aufwarf.

"Da bringen wir unser Kind nicht hin", sagte er. "Wie? Warum?", erwiderte Hannah. "Ich habe einem Arbeitskollegen erzählt, warum ich heute früher Feierabend mache. Dieser hat ganz entrüstet reagiert: "Bitte nicht dorthin". Ich fragte ihn warum und er erzählte mir die Geschichte eines Bekannten, dessen Tochter in derselben Klinik auch wegen suizidaler Gedanken sechs Wochen stationär behandelt wurde und nach dieser Zeit mit der Bestätigung entlassen wurde, sie sei "austherapiert". Die Jugendliche nahm sich kurz danach das Leben, in dem sie von einer Brücke sprang."

Hannah spürte einen tiefen Stich in ihrem Herz. "Brücke, nein, da kommt unser Sohn nicht hin. Was nun?"

Ryan saß mit seinen Eltern am Küchentisch und alle drei suchten im Internet nach Alternativen, telefonierten mit anderen Kliniken, aber alle lehnten eine Notaufnahme ab mit der Begründung, sie seien wegen des Wohnortes nicht zuständig. Es gibt keine freie Wahl, keine schnelle Hilfe dort, wo man selbst entscheidet, sein zu wollen. Was ist das für ein System?

"Wir fahren jetzt in diese besagte Klinik und schauen uns das mal an, einfach so, wir und selbstverständlich auch Ryan können vor Ort entscheiden", schlug der Vater vor.

Sollte das vielleicht eine abschreckende Schocktherapie für Ryan werden?

Alle drei waren sowieso ratlos und emotional gelähmt. Wie ferngesteuert fuhren sie einfach los.

Als sie in den Innenhof der Klinik eintrafen, begegnete Ryan auf dem Gelände direkt einem Mädchen aus seiner Schule. Die Eltern kannten sie nicht. "Die ist auch hier, oh Mann", murmelte Ryan. Sie suchten die Station, auf die Ryan eingewiesen werden sollte und wurden recht schnell fündig. Glastüren, durch die man spielende Kinder sehen konnte. Glastüren, die zugeschlossen waren. Von außen sah man Gitter vor den Fenstern. Die Energie auf dem Flur wirkte erdrückend, nahezu gespenstig, wäre da nicht das bunte Durcheinander der tobenden Kinder gewesen.

"Hier will ich nicht bleiben", sagte Ryan sofort, „ich will wieder nach Hause".

Genau das war auch Hannahs liebster Wunsch. So schnell hatte sie nicht mit einer Wirkung der dann wohl doch erfolgreichen "Schocktherapie" gerechnet.

"Und was machen wir dann? Wenn du dir was antun willst? Ich weiß nicht wie ich damit umgehen soll?", seufzte Hannah erschöpft.

"Ich verspreche dir, ich tu mir nichts an", erwiderte Ryan, "wirklich nicht Mama, hier ist es schrecklich, ich will hier nicht sein, ich will bei dir bleiben."

Hannah dachte nach, "wie gehe ich damit emotional um? Ich muss das alleine stemmen. Ryans Bruder, er braucht mich auch als Unterstützung. Wie soll ich meine eigene Angst in den Griff bekommen? Diese auch noch unterdrücken, da ich mir Angst gar nicht leisten kann? Dann noch mein Beruf, kann ich das wirklich alles schaffen?"

"OK", antwortete sie schließlich, „Ryan, wir treffen eine Vereinbarung und ich muss mich komplett auf dich verlassen können".

Sein Gesicht hellte sich auf, seine Mimik entspannte sich. Er schien sehr erleichtert zu sein, diesem „Gefängnis" entkommen zu können. Hannah sagte den Aufnahmetermin an der Anmeldung der Station ab und sie fuhren wieder nach Hause. Während der Fahrt sagte niemand ein Wort. Es herrschte nur Stille, wohlwollende Stille.

Hannah und Ryan vereinbarten folgendes: Immer wenn sie tagsüber "getrennt" waren, nicht während Ryan die Schule besuchte, aber sobald diese endete und auch in seiner Freizeit am Nachmittag, musste Ryan stündlich ein kurzes Zeichen per SMS schicken, damit Hannah wusste, dass alles in Ordnung war.

Zudem wurden die weiten Fahrten zur Therapeutin wöchentlich durchgeführt. Ryan hielt sich an die Vereinbarung, allerdings verursachten die wöchentlichen Therapeutinnenbesuche einen immensen Zeitaufwand. Viel schlimmer allerdings war, dass es Hannah sehr schwer fiel, Ryan alleine zu lassen. Sie wäre am liebsten jede Minute an seiner Seite geblieben. Das schränkte beide in ihrer Bewegungsfreiheit immens ein. Soweit es möglich war, nahm sie Ryan überall hin mit. An ein "Loslassen" war erstmal nicht zu denken. Für Hannah war dieser Schock prägend.

Mit der Zeit lernte Hannah mehr und mehr zu vertrauen und Ryan vermittelte ihr das Gefühl, dass es vorbei ist mit dem selbstzerstörerischen Ritzen und mit seinen Selbstmordgedanken.

Nach der vierten pubertätshemmenden Spritze hörte die Periode endlich komplett auf. Wie auf Knopfdruck stabilisierte sich Ryans Zustand. Die Hürde des weiblichen Zyklus war geschafft, der Rückschlag überwunden.

Nun konnten weitere Schritte geplant werden in Richtung "Wandlung".

Unzählige weitere Termine hielt die Zukunft für Ryan und Hannah parat.

Namensänderung und Personenstandsänderung

So richtig Ruhe einkehren zu lassen und die Zeit erstmal zu genießen, dass durch die pubertätshemmenden Spritzen nunmehr ein Stück "Weiblichkeit" entnommen wurde, hat Ryan nicht zulassen wollen. Er wollte seinem Ziel "Mann zu werden" so schnell wie möglich näherkommen.

"Mama, ich habe in ein paar Monaten Klassenfahrt nach England. Wie soll ich das denn mit dem Pass machen? Die glauben mir doch an der Grenze nicht, dass ich der bin, der ich bin." In seinem alten Kinderpass war noch ein Foto mit langen blonden Haaren, was schon einmal bei einer Passkontrolle Schwierigkeiten gegeben hatte.

Hannah musste ihm Recht geben, das Bild im Kinderpass konnte tatsächlich alle Menschen verwirren. Man könnte glauben, es sei eine ganz andere Person abgebildet. Grenzbeamte könnten womöglich eine Fälschung vermuten. Und nicht nur das Bild, sondern auch sein alter Name passte in keinster Weise zu der Optik eines Jungen. Wie peinlich das wäre, dies bei einem Schulausflug rechtfertigen zu müssen. "Mit dem Pass fahre ich nicht", sagte Ryan traurig, "dann bleibe ich lieber zu Hause."

Alle Mitschüler und Freunde wussten zwar Bescheid und akzeptierten es nicht nur, sondern mochten Ryan auch sehr gern. Aber bei der Erklärung seines Kinderpasses an der Grenze hätte ihm sicherlich keiner geholfen. Ryan hatte viele Freunde und war sogar bei der Mädchenwelt sehr beliebt. Die Schule reagierte mehr als aufgeschlossen. Er durfte zum Beispiel im Schwimmunterricht Assistent der Lehrerin sein, da er seine Körperformen beim Schwimmen bestimmt niemals präsentiert hätte. Im Sportunterricht bekam er einen extra kleinen Raum zum Umziehen, er durfte die Jungentoilette benutzen und wurde im ganzen Lehrerkollegium und von allen Mitschülern komplett als Junge akzeptiert. Sein Klassenlehrer machte sogar eine extra Ausbildung zum Thema "Schüler und Transidentität" und durfte ihn durch die gesamte Schullaufbahn begleiten. Dieses empfand Ryan als große Bereicherung.

Auch bei dem besagten Schüleraustauch nach England durfte er mit einem Jungen zusammen in einer Gastfamilie wohnen. Diese Akzeptanz und Aufgeschlossenheit der Schule und der Mitschüler sind nicht zwangsläufig "normal" bei Transkindern. Oft werden sie gemobbt, beschimpft oder ausgeschlossen. Zum Glück hatte Ryan damit von Anfang an nie Schwierigkeiten. Er wurde schon vor seinem Schuleintritt in die weiterführende Schule für einen Jungen gehalten, auch wenn er noch seinen alten Namen trug. Er verkörperte das jungenhafte schließlich schon seit der Kindergartenzeit. Da er diese Normalität, Junge zu sein, einfach ausstrahlte, wurde er mit der Akzeptanz seines Umfeldes beschenkt.

Hannah erkundigte sich erneut auf der Internetseite der DGTI (Deutsche Gesellschaft für Transidentität) über Möglichkeiten und Vorgehensweisen für neue Ausweisdokumente. Diese boten einen sogenannten vorläufigen Ergänzungsausweis an. Dieser Ergänzungsausweis weist den Wunschnamen und das neue Geschlecht aus und gilt im Zusammenhang mit dem alten Ausweisdokument als rechtlich anerkannt. Diesen zu beantragen war ein Kinderspiel. Hannah füllte nur ein Formular aus, welches sie auf der Internetseite downloaden und ausdrucken konnte und sandte es umgehend an die DGTI zurück. Sie überwies eine geringe Bearbeitungsgebühr und binnen zwei Wochen erhielt Ryan seinen neuen vorläufigen Ausweis. Er war sehr stolz darauf, ein amtliches Dokument mit seinem neuen Namen und einem aktuellen Foto zu besitzen. Dem Schüleraustausch nach England stand nun nichts mehr im Wege. Es gab an der Grenze keine Diskussionen und Rechtfertigungen. Ryan war glücklich und zufrieden.

Um den neuen Wunschnamen und das neue Geschlecht tatsächlich amtlich zu machen und die Geburtsurkunde umschreiben zu lassen, bedurfte es allerdings eines viel größeren Aufwandes. Und der Aufwand stellte sich als besonders schwer heraus, da Ryan erst zwölf Jahre alt war. Schwer, aber möglich, denn Hannah blieb hartnäckig. Sie fertigte einen schriftlichen Antrag auf Personenstands- und Namensänderung an das zuständige Amtsgericht und legte diesem die noch spärlichen Unterlagen bei. Nämlich eine Kopie des Berichtes der Klinik aus Frankfurt und einen Bericht der Kinderpsychologin über den bisherigen Therapieverlauf.

Gut, dass Hannah noch nicht ahnen konnte, welche Papierberge dem ganzen Prozedere noch folgen würden.

Hannah erhielt kurze Zeit später eine Einladung des zuständigen Richters zur erstmaligen Anhörung. Dabei wurde Hannah zunächst alleine als Mutter geladen.

Hannah erschien pünktlich und voller Hoffnung für Ryan zu diesem Termin.

Die Illusion, dass Verständnis und ein zügiges Vorgehen nach all ihren Erklärungen stattfinden würde, platzte bei den Erwiderungen des Richters:

"Sie und Ihr Exmann, wenn er noch das Sorgerecht hat, müssen einen gemeinsamen Antrag auf Namens- und Personenstandsänderung vorlegen. Es sei denn, Sie haben das Sorgerecht allein." Natürlich hatte Ryans Vater auch das Sorgerecht, was bedeutete, dass von nun an immer beide Unterschriften bei allen Anträgen und Vorhaben notwendig waren.

Der Richter fuhr weiter fort:

"Das Familiengericht muss zunächst eine Genehmigung des Verfahrens nach § 3 TSG (Transsexuellengesetz) erteilen. Es ist erforderlich, dass Sie dieses zuerst beantragen mit dem Wortlaut: *"Hiermit beantrage ich die familiengerichtliche Genehmigung für den Antrag nach § 1,8 ff. TSG"*. Denn nur wenn das Familiengericht das Verfahren an sich genehmigt, können wir hier im Amtsgericht weiter handeln. Falls Sie die

Genehmigung erhalten, sind zwei voneinander unabhängige Gutachten erforderlich, weil ihr Kind erst zwölf Jahre alt ist. Der Kostenpunkt dieser Gutachten liegt zwischen 700 und 2000 Euro pro Gutachten. Die beiden voneinander unabhängigen Gutachter werden vom Gericht bestimmt."

Der Richter fügte hinzu, dass er bislang etwa 30 Verfahren in dieser Richtung bearbeitet hatte, allerdings noch nie einen Fall, in dem das Kind erst zwölf Jahre alt war. Die bisherigen Antragsteller waren um die zwanzig Jahre alt und hatten oft schon drei Jahre Therapie hinter sich.

Es muss ein zwanghafter Wille bestehen, Mann zu sein und es muss eine Prognose vorliegen, dass es in Zukunft dauerhaft so bleibt. Das würde er bei einem Alter von zwölf Jahren bezweifeln und sähe demnach Ryans Fall als rechtliche Schwierigkeit.

Hannah war fest entschlossen, sich all diesen Aufgaben zu stellen und erwiderte am Ende des Gerichtstermins: „Vielen Dank Herr Richter für die aufklärenden Ausführungen. Ich werde mich um alles kümmern. Wenn sie meinen Sohn kennen lernen, werden Sie verstehen, wovon ich spreche. Ich kann nachvollziehen, dass es ungewöhnlich erscheint, dass ein Kind mit zwölf Jahren behauptet, es wisse um seine wahre Identität, doch ich beobachte meinen Sohn schon seit seiner Geburt und kann die Situation gut einschätzen. Ich bin zuversichtlich, dass das Familiengericht dem Verfahren zustimmen wird." Mit diesen Worten verabschiedete sich Hannah von dem Richter.

Sie wartete nicht lange, sondern widmete sich umgehend an das Familiengericht mit dem schriftlichen Antrag zur Genehmigung des Verfahrens auf Namens- und Personenstandsänderung, so, wie der Richter es ihr aufgetragen hatte.

Daraufhin kündigten sich zwei Herren vom Jugendamt an, um sich einen Eindruck von Ryans familiärem Umfeld und seinem Zimmer zu machen. Sie wollten es zwar nicht zugeben, aber Hannah konnte schon in ihren überraschten Blicken erkennen, dass sie Ryan gar nicht als Mädchen erkennen konnten.

Er wurde schließlich nirgendwo als Mädchen erkannt.

Nachdem das Jugendamt seine Beobachtungen an das Familiengericht weitergeleitet hatte, erhielt Hannah eine Einladung zu einem Termin, bei dem Ryan und seine beiden Eltern vorsprechen sollten. Das Ergebnis dieses Termins war sehr wichtig und entscheidend für die Erlaubnis, das Verfahren nach dem Transsexuellengesetz (TSG) zur Namens- und Personenstandsänderung vor dem Amtsgericht durchführen zu können.

Ryan war sehr aufgeregt. Eine sehr junge, moderne und nette Richterin empfing die Familie in einem Sitzungssaal des Familiengerichts. Die Richterin befragte Ryan, Hannah und Ryans Vater und hörte allen dreien aufmerksam zu, was diese vorzutragen hatten. Sie nickte zustimmend und machte eine vielversprechende, freundliche Mine.

„Du bist sicher gespannt, wie das Ergebnis aussieht Ryan, oder?", fragte die Richterin.

Ryan nickte und schaute sie erwartungsvoll an.

"Ich habe Sie drei vorhin, als ich ins Gericht kam, auf dem Parkplatz gesehen", fuhr die Richterin fort, „und ich wusste ja erst nicht, dass es sich um diesen Fall handelt. Ich habe eine Familie mit einem Sohn gesehen. Und ihre Ausführungen haben mich überzeugt. Auch die Ausführungen des Jugendamtes sprechen dafür. Demnach treffe ich hiermit die Entscheidung, dass Sie das Verfahren vor dem Amtsgericht durchführen dürfen. Ich werde meine Zustimmung noch heute schriftlich niederlegen."

Freude, Freude, Freude. Welch ein Gefühl. Ryan strahlte über das ganze Gesicht und Hannah war sehr glücklich, mit ihrem Sohn eine weitere Hürde überwunden zu haben.

Nachdem schließlich das Amtsgericht von der Entscheidung des Familiengerichtes Kenntnis erhielt, wurden zwei unabhängig voneinander arbeitende und neutrale Gutachter bestellt, die Ryans Transidentität bestätigen sollten. Nach ein paar Wochen erhielt Hannah Bescheid. Es handelte sich um zwei Gutachterinnen, eine Ärztin in Münster und eine Ärztin in Hamburg. Beide sollten vertraut sein mit der Diagnose Transidentität bei Kindern und schon im frühen Stadium (Alter) erkennen, ob es sich um eine "echte" transidente Gesinnung handelt. Denn für einen erfolgversprechenden Antrag auf Namens- und Personenstandsänderung muss von Fachleuten, also von

Ärzten und Psychologen bestätigt werden: "Es handelt sich um eine dauerhafte Persistenz des Zustandes." Dies ist sozusagen der Zauberspruch zur Öffnung aller Tore der Bürokratie und weiterer Möglichkeiten einer „Wandlung".

Hannah vereinbarte die Termine mit den beiden Gutachterinnen und dann standen zwei neue Reisen bevor. Eine nach Münster und eine nach Hamburg.

Ryan und Hannah warteten erneut einige Wochen und stiegen dann ins Auto zum ersten Gutachtertermin nach Münster. Es wurde wieder eine lange Autofahrt mit tiefsinnigen Gesprächen, die über die Staus auf den Autobahnen hinwegtrösteten. Hannah liebte diese Gespräche im Auto, weil Ryan nach ein paar gefahrenen Kilometern anfing von sich, seinen Gefühlen und von seinen Erlebnissen zu erzählen. Zu Hause im Alltag war er eher still und zurückhaltend mit Worten.

"Du müsstest den Ärzten und auch den Richtern mehr erzählen, damit sie verstehen, dass du es ernst meinst, dass es für dich keinen anderen Weg gibt, als Junge zu sein, auch wenn Du erst zwölf Jahre alt bist", sagte Hannah.

"Mama, das kann man nicht beschreiben. Es ist ein Gefühl. Es ist so, als ob du noch nicht in deinem Leben angekommen bist. Als ob du zwar lebst, etwas unternimmst, deinen Alltag und deine Pflichten erfüllst, aber trotzdem noch nicht geboren bist. Ich bin in meinem Leben noch nicht angekommen", erwiderte Ryan.

Hannah dachte, "geboren und doch noch nicht geboren, wie muss sich das anfühlen? Wie in einer "Trance-Fruchtblase" durch das Leben gehen, mitmachen, was verlangt wird, aber kein wahres Hier und Jetzt spüren."

"Das ist für viele Menschen nicht nachvollziehbar, aber ich verstehe dich", Hannah nahm das Gespräch wieder auf, "es ist nicht so, wie es wahrscheinlich fast jeder Mensch kennt, wenn man unzufrieden ist mit etwas an sich selbst, körperlich oder seelisch, zu dick, zu dünn, zu wenig Erfolg, zu viel Stress. Das ist nur ein TEIL von einem selbst. Du fühlst dich ja dann KOMPLETT FALSCH."

"Ja genau Mama, so ist es. Ich fühle mich KOMPLETT FALSCH. Mein Innen passt überhaupt nicht zu meinem Außen. Mein Außen ist einfach KOMPLETT FALSCH."

Angekommen in Münster erschienen die Menschen Hannah und Ryan wie von einem anderen Stern. Irgendwie fröhlicher, freundlicher, so gelöst, warum auch immer.

Die Ärztin, welche das Gutachten erstellen sollte, war sehr empathisch und Ryan mochte sie von Anfang an. Er spürte, dass er verstanden wurde. Schließlich diagnostizierte die Ärztin eine bestehende "echte" Transidentität trotz des jungen Alters.

Ryan war so begeistert von ihr, dass er seine Mutter fragte, "können wir denn nicht hier die Verlaufskontrollen weitermachen? Hier gefällt es mir viel besser als in Frankfurt. Sie versteht mich wenigstens."

Hannah glich Vor- und Nachteile gedanklich ab. Die Fahrt war länger, mehr Staus, mehr zeitlicher Aufwand, aber die Menschen hier waren freundlicher, empathischer und Ryan fühlte sich angenommen und verstanden. Sie fragte die Ärztin, ob diese bereit wäre, die zukünftigen Verlaufskontrollen zu übernehmen. Die Ärztin stimmte zu. Ryan freute sich, denn hier fühlte er sich nicht nur gut aufgehoben, sondern die Diagnose und die schriftliche

Bestätigung dieser Ärztin hatten die notwendige rechtliche Gewichtung. Ein neuer Erfolg, Freude und Hoffnung.

Der zweite Gutachtertermin ließ nicht lange auf sich warten. Die Fahrt ging nach Hamburg. Wieder ein empathisches und verständnisvolles Gespräch. Die Ärztin teilte die gleiche Meinung wie die Ärztin aus Münster. Sie bestätigte Ryan die Diagnose "Transidentität".

Somit legten diese beiden Ärztinnen mit ihren Diagnosen den Grundstein für zwei Gutachten, die Ryans Transidentität und die "lebenslange Persistenz des Zustandes" bestätigten, trotz des jungen Alters von nunmehr dreizehn Jahren.

Es folgte eine längere Wartezeit, da die Erstellung eines Gutachtens Zeit brauchte. Zeit, die für einen Jugendlichen viel Geduld abverlangte und für die Mutter bedeutete, immer wieder Mut und Motivation zu kommunizieren.

Die Gutachten wurden nach Fertigung direkt an das Amtsgericht gesandt. Von dort aus kommunizierte der Richter weiterhin mit den Antragstellern. So erhielten Ryan und Hannah Post vom Gericht, in der der Richter monierte, die Hamburger Ärztin hätte in ihrem Gutachten nicht klar ausgedrückt, dass eine "lebenslange Persistenz der Transidentität" besteht. Nachdem Ryan und Hannah diesen kurzen Schock überwunden hatten, fertigte Hannah weitere Schriftstücke an das Gericht und telefonierte mit der Hamburger Ärztin. Diese korrigierte ihre Formulierungen in dem Gutachten und schickte es erneut an das zuständige Amtsgericht.

Und: Wieder Warten! Aber dann: Endlich! Der heißersehnte richterliche Beschluss lag eines Tages tatsächlich im Briefkasten!

"Träume ich, oder ist es wirklich wahr?", rief Ryan aufgeregt, als er den Brief des Amtsgerichts entdeckte, als er aus der Schule kam.

"Ja, der Beschluss ist da", jubelte Hannah, "ich wollte den Umschlag mit dir zusammen öffnen, du bist bestimmt aufgeregt, oder?" Und ob Ryan das war.

Als sie beide anfingen zu lesen, trauten sie ihren Augen nicht.

"NEIN – der Beschluss ist falsch", rief Ryan, "was denn jetzt?"

Ryan hatte sich noch einen Zweitnamen ausgesucht, der nicht aufgeführt war und sein Geburtsdatum war falsch eingetragen. "Oh nein, so können wir ja keine Geburtsurkunde ändern lassen und keinen richtigen Personalausweis beantragen", Hannah sah weitere Arbeit auf sich zukommen. Sie telefonierte zunächst mit der Sekretärin des Richters, welche die Aufregung sofort wieder dämpfen konnte. Es wäre kein Problem, es sei nur ein Schreiben nötig, in dem um Berichtigung des Beschlusses mit den korrekten Angaben gebeten wird. Gesagt, getan. Die Erledigung dauerte einen weiteren Monat und dann war es endlich soweit.

Ryan erhielt sein heiß ersehntes Dokument zur Namens- und Personenstandsänderung. Dieser Beschluss bedeutete einen neuen Lebensanfang für ihn und war deshalb wertvoller als alles andere. Dieser Beschluss erlaubte ihm einen neuen Personalausweis, die Änderung seines Namens und seines Geschlechts bei allen Versicherungen, Bankdaten, Zeugnissen der Schule, sämtlichen

Dokumenten und die Löschung der alten Identität sowie den Eintrag der neuen Identität im Geburtenregister. Ryans neuer Name und das männliche Geschlecht waren nun amtlich. Ryan strahlte vor Stolz, Zufriedenheit, Glück und Zuversicht.

Hannah hatte zwar noch jede Menge Arbeit mit den zahlreichen Schriftstücken zur Änderung dieser ganzen Dokumente, aber sie hatte Freude dabei. Es war nur noch die Ziellinie des Marathons zu Ryans Namens- und Personenstandsänderung.

"Hartnäckigkeit zahlt sich aus", dachte sie und genoss es, Ryan so zufrieden zu erleben.

Jetzt geht alles einfacher?

Der nächste entscheidende Entwicklungsschritt sollte nun die Einleitung der Hormontherapie mit Testosteron sein. Dazu bedurfte es eines weiteren Besuches in der Frankfurter Klinik. Die Fachleute dort mussten das "ok" aus der ärztlichen Betrachtung bescheinigen. Es war notwendig, dass der letzte Satz des ersten Berichtes aus Frankfurt dahingehend korrigiert wird, dass eine "lebenslange Persistenz des Zustandes der Transidentität" besteht und demnach mit der Testosterongabe begonnen werden konnte. Ryans Hoffnung war groß, denn er hatte ja nun schon zwei Gutachten, die genau das bescheinigten. Er hatte einen amtlich registrierten neuen Namen, ein amtlich registriertes neues Geschlecht und erhielt auch seit neun Monaten pubertätshemmende Spritzen. Er hatte keine Zweifel, dass der angepassten Testosterongabe noch etwas im Wege stehen könnte. Doch Gutachten für das Gericht sind die eine Seite, ersetzten allerdings keineswegs die Bescheinigungen der Ärzte, wenn es sich um den Beginn der Hormontherapie mit männlichen Hormonen handelt.

Die erneute lange Fahrt nach Frankfurt prägte somit eine große Erwartungshaltung.

Die Ernüchterung stellte sich allerdings schneller ein, als gedacht. Der Arzt, ein Spezialist auf dem Gebiet Transidentität im Kindes- und Jugendalter, in welchen Ryan seine ganze Hoffnung gelegt hatte, gab ganz klar zu verstehen, dass er vor dem 16. Lebensjahr keine Testosterontherapie quittiere. Ryan und Hannah erlitten erneut Fassungslosigkeit. Alles, was bisher erreicht wurde, zählte auf einmal nicht mehr. Zu jung und basta! Somit waren dem Endokrinologen die Hände gebunden, da dieser nur mit einer ärztlichen Bescheinigung tätig werden durfte. Ryan sollte nun drei weitere Jahre bis zu seinem 16. Geburtstag auf die Testosterongabe warten.

Hannah drehte sich der Magen um. Sie erinnerte sich sogleich an die Zeit, als die pubertätshemmenden Spritzen keine spontane Wirkung zeigten und ihr Kind in ein tiefes Loch mit Suizidgedanken gefallen war. Nein, diese Zeit wollte sie nicht nochmal erleben. Diese Zeit war angstbesetzt und zermürbend.

Der Plan war eigentlich, dass sich Ryan durch das verabreichte Testosteron mit seinen Freunden und anderen Jungen in seinem Alter parallel zum Mann hätte entwickeln können. Dem sollte jetzt nicht so sein?

Auf der ganzen Rückfahrt nach Hause weinte Ryan und war absolut niedergeschlagen.

Hannah ermutigte ihn und erinnerte ihn an die nette Ärztin aus Münster, wo sie ja jetzt sowieso die Verlaufskontrollen machen wollten. "Hey, die Ärztin aus Münster hat dich ernst genommen. Ich rufe sofort morgen dort an und mache einen Termin. Sie bescheinigt dir die Erlaubnis zur Testosterontherapie bestimmt."

"Ja ok", murmelte Ryan und beruhigte sich etwas.

"Frankfurt ist jetzt Geschichte. Da fahren wir nicht mehr hin. Ich lasse dich nicht drei Jahre warten. Ich weiß, wie wichtig dir das Ganze ist. Du darfst jetzt nur nicht wieder in ein schwarzes Loch fallen, bitte."

"Es dauert alles so lange, Mama. Irgendwie klappt alles nicht ohne irgendwelche Probleme und Hürden."

"Ja, das stimmt. Das liegt daran, dass du noch so jung bist. Aber wir machen mit der nötigen Geduld weiter, wir sind stark und schaffen das. Wir haben so früh mit allem angefangen. Ich habe Dich so lieb und vertraue Dir."

Ryan stimmte zu. Er konnte fühlen, dass seine Mutter immer für ihn da sein und ihm jede mögliche Unterstützung auf seinem "Weg der Wandlung" geben wird.

Die Hormontherapie beginnt

So wie Hannah es Ryan versprach, terminierte sie erneut in Münster, um von der Ärztin eine Bestätigung für die Hormontherapie mit Testosteron zu erhalten. Da diese ja bereits das Gutachten für das Gericht geschrieben und auch den künftigen Verlaufskontrollen zugestimmt hatte, war die Hoffnung groß, dass Ryan nun endlich seine "ärztliche Zusage" für die lang ersehnte Testosterontherapie erhalten wird.

Und so geschah es auch. Ryan und seine Mutter konnten es kaum glauben, dass es diesmal tatsächlich ohne Verzögerungen, Probleme und Bedenken ablief. Sie fuhren tatsächlich mit der schriftlichen, ärztlichen Zusage für die Testosterontherapie wieder nach Hause.

Die Freude stand Ryan ins Gesicht geschrieben.

Hannah hatte schon eine neue Adresse einer endokrinologischen Betreuung ausfindig gemacht, da der Endokrinologe in Frankfurt zu weit entfernt war. Sonst hatten sie die Besuche bei diesem mit denen in der Klinik verbunden, doch das hatte sich ja seit dem letzten

Arztgespräch erledigt. Die neue endokrinologische Betreuung sollte das Klinikum in Göttingen übernehmen. Hannah machte einen zeitnahen Termin und Ryan wurde dort sehr freundlich willkommen geheißen, untersucht und ihm wurde die weitere Vorgehensweise erläutert. Es war ein langes Aufklärungsgespräch, bei dem Ryan ins Gewissen geredet wurde, sich bewusst zu werden, dass es ab dem Beginn der ersten Testosterongabe "kein Zurück" mehr gäbe. Er wurde gefragt, ob Eizellen entnommen und eingefroren werden sollten für einen späteren Kinderwunsch. Ryan lehnte das ab. Er sei sich ganz klar. Natürlich denkt ein 13-jähriger Jugendlicher noch nicht an Kinder. Aber für ihn stand sicher fest, dass er diesen Eingriff nicht möchte und für die Zukunft auch nicht benötigt.

Dem ersten Rezept für das Testosteron war der Weg geebnet. Ryan entschied sich für die Dreimonatsspritzen. Die erste Spritze wurde ihm sodann von der Hausärztin verabreicht und   so sollte in einem Rhythmus von drei Monaten regelmäßig weiter verfahren werden. Die Kontrolluntersuchungen in der endokrinologischen Abteilung des Klinikums Göttingen waren alle halben Jahre fällig.

Die Testosterongabe   bedeutete den ersten Schritt in Richtung "Wandlung zur Männlichkeit" auf der Körperebene. Es ließ nicht lange auf sich warten, dass Ryans Stimme tiefer wurde, sich die Körper- und Gesichtsbehaarung deutlich vermehrten und er nun zeitgleich, so wie es der Plan war, mit seinen Schulkameraden in die männliche Pubertät hineinwuchs. Der Wunsch, sich mit seinen gleichaltrigen Freunden und Schulkameraden als Mann zu entwickeln, war somit erfüllt. Die Gedanken und Unzufriedenheit mit dem weiblichen Körper wurden Tag für Tag weniger.

Dass das Testosteron auch Nebenwirkungen mit sich brachte, war Ryan gleichgültig und so vertrug er es körperlich auch gut. Allerdings spürte Hannah die Nebenwirkungen: Ryan war gereizter als vorher, hatte Stimmungsschwankungen. Manchmal reagierte er von einer Minute zur anderen sehr aggressiv. Sein Immunsystem litt, er wurde anfälliger für Krankheiten. Er hatte oft Schweißausbrüche und seine Haut erschien unreiner. Aber all das beeindruckte Ryan nicht, er nahm es gerne in Kauf, weil er sich nur durch das Testosteron als Mann entwickeln konnte.

Hannah allerdings litt sehr unter den Nebenwirkungen, da sie die schlechte Laune als einzige ertragen und verarbeiten musste und auch für die ständigen "Wehwehchen" und Arztbesuche, die die Nebenwirkungen mit sich brachten, zuständig war.

Hannah hatte das Gefühl, dass das Testosteron die Probleme einer Pubertät, zumindest die von Ryan, verschlimmerte. Sie brauchte sehr starke Nerven. Nicht immer hatte sie diese parat, da ihr Leben nicht nur aus der Wandlung und Versorgung Ryans bestand. Ihr Beruf und die finanzielle Absicherung forderten ebenfalls eine Menge Kraft. So gab es für sie Tage und Wochen der Verzweiflung, manchmal auch Gedanken von "ich kann nicht mehr".

Aber von irgendwoher erhielt sie immer wieder neue Energie, um ihrer Aufgabe als unterstützende Begleiterin ihres Sohnes weiter nachzugehen. Es war die Liebe zu Ryan, die ihr tagtäglich neue Kraft, Zuversicht und Durchhaltevermögen schenkte.

Ein neues Thema und eine neue Aufgabe bahnten sich an. Ryans weibliche Brust störte ihn von Tag zu Tag mehr und passte nicht mehr in die Optik, die ihm das Testosteron bescherte. Bislang hatte er diesen Körperteil mit den bequemen Bindern aus Amerika sehr gut verstecken können. Doch die Handhabung empfand er mit der Zeit als störend. Im Sommer bei sehr heißen Temperaturen schwitzte er sehr, da die Binder trotz ihrer Bequemlichkeit extrem eng auf der Haut lagen. Er wünschte sich so sehr, lockere, weite T-Shirts ohne die Binder anziehen und das Gefühl eines abkühlenden Windhauches auf seinem Oberkörper spüren zu können.

Am schlimmsten war das An- und Ausziehen, nachdem sich Ryan in einer Skifreizeit das Schlüsselbein beim Snowboarden gebrochen hatte. Er musste sechs Wochen einen Schultergurt tragen und konnte seine Arme kaum nach hinten bewegen. Den Binder morgens anzuziehen und abends wieder aus, grenzte fast an Akrobatik. Manchmal schlief Ryan zu der Zeit auch mit Binder, weil das Wechseln zu anstrengend war. So entwickelte sich in diesen sechs Wochen der Wunsch, nein die Forderung, nach einer schnellstmöglichen operativen Entfernung seiner weiblichen Brust.

Warum sollte es auch eine längere Zeit ruhig ablaufen?

Es fühlte sich für Hannah wie eine pausenlose Jagd nach der nächsten Beute an.

War ein Erfolg und ein neuer Schritt gemeistert, drängte Ryan gleich zum nächsten.

Mastektomie und Hysterektomie

Die nächsten Schritte sollten folglich die Mastektomie (Entfernung der weiblichen Brust), die Hysterektomie (Entfernung der Gebärmutter) und die Adnektomie (Entfernung der Eierstöcke) sein.

Den Arzt, der die Operation durchführen sollte, hatte sich Ryan schon aus den sozialen Medien herausgesucht. Er sollte auf dem Gebiet der Mastektomie unter Transgendern der beliebteste Operateur in einer Hamburger Klinik sein. Ryan hatte sich genau erkundigt, wer für ihn der Richtige ist, indem er sich die Operationsergebnisse dieses Chirurgen ansah, die einige Transgender in den sozialen Medien veröffentlichten.

Hannah machte einen Beratungstermin der wiederum ein halbes Jahr Wartezeit mit sich brachte. Doch irgendwie fühlte sich die Zeit diesmal nicht mehr wie ein zähes Kaugummi an. Es war ja schon so viel geschafft und Geduld zur Gewohnheit geworden.

Die Fahrt nach Hamburg war wie immer ein Vergnügen, da es für Hannah Zeit mit ihrem Sohn bedeutete, in der sie über vieles reden konnten.

Sie wurden sehr freundlich empfangen. Das Beratungsgespräch umfasste alles, was wissenswert war. Besprochen und erklärt wurden Operationsmöglichkeiten und verschiedene Techniken der Mastektomie, wie zum Beispiel die Wahl großer oder kleiner Schnitte, bis hin zum Ablauf des Krankenhausaufenthaltes. Voraussetzung war die Kostenübernahme der Krankenkasse. Da ein Operationstermin erst ein ganzes Jahr später möglich war, ließ Hannah für Ryan gleich einen Termin blocken, in der Hoffnung, dass mit der Bezahlung schon alles klappen würde. Schließlich hatten sie ein ganzes Jahr Zeit für die Organisation. Zeit, um wieder viel Papierkram zu erledigen. Falls irgendetwas dazwischenkommen sollte, war es möglich, den Termin ein paar Wochen vorher abzusagen, da es eine Warteliste gab und so jederzeit der Platz neu vergeben werden konnte.

So fuhren Sohn und Mutter am gleichen Tag nach Hause zurück, mit einem Operationstermin im Gepäck.

Geduld war Ryan zwischenzeitlich gewohnt, die Freude über den festgelegten Operationstermin sollte die lange Wartezeit in den Hintergrund drängen.

In der Regel, wenn ein entsprechendes Alter (in Ausnahmefällen 16 Jahre, aber normalerweise 18 Jahre) und natürlich alle die Transidentität bestätigenden Gutachten und Unterlagen vorhanden sind, übernimmt die gesetzliche Krankenkasse die Kosten der Operation. Diese prüft natürlich alles genauestens vom medizinischen Dienst der Krankenversicherung (MDK) bevor einer Kostenübernahme für die geschlechtsangleichende Operation zugestimmt wird. Es waren etliche Unterlagen notwendig, die die Krankenkasse auf Hannahs Antrag hin anforderte.

Trotz der beiden bestehenden und eindeutigen Gutachten und der ärztlichen Bestätigung der „lebenslangen Persistenz des Zustandes der Transidentität", war es erforderlich, dass Hannah von der Ärztin aus Münster noch eine weitere Stellungnahme einholen musste, ebenso von der betreuenden Kinder- und Jugendpsychologin. Die Krankenkasse forderte hiermit sozusagen die Bestätigung aller Bestätigungen der Transidentität. Ryan wurde wegen seines jungen Alters von nunmehr vierzehn Jahren immer noch in seiner Entscheidung, als Mann leben zu wollen, angezweifelt.

Nach wochenlangem Warten erhielten Sohn und Mutter das ersehnte Schreiben der Krankenkasse, welche allerdings die Kostenübernahme der Operation ablehnte, mit der Begründung, Ryan sei zu jung und sie bezahlten ja schließlich schon die Hormonbehandlung, die ebenfalls viel zu früh angefangen hatte.

Hannah starrte erschüttert auf diese Absage. Wie konnte das sein? Die eindeutigen Gutachten und Berichte, die zahlreichen Stellungnahmen der Ärzte? Das alles sollte jetzt für eine Kostenübernahme nicht zählen?

"Das lassen wir uns nicht gefallen", dachte Hannah und legte gegen den Ablehnungsbescheid der Krankenkasse Widerspruch ein. Sie begründete diesen sehr emotional mit den psychischen Auswirkungen auf ihren Sohn. Die Sachbearbeiter der Krankenkasse hatten die psychischen Belastungen schließlich nicht aushalten müssen, so wie

Ryan und Hannah, als die pubertätshemmenden Spritzen nicht sofort ihre Wirkung entfaltet hatten.

"Was sitzen dort für Menschen in den beurteilenden Abteilungen? Dort wird einem Jugendlichen nicht die Fähigkeit zugetraut und erlaubt, über seinen eigenen Körper bestimmen zu können. Alle Vierzehnjährigen werden dort in ein Reglementarium gepresst und alle über einen Kamm geschoren. Dass es Teenager gibt, die schon erwachsener denken und fühlen, wird in keinster Weise berücksichtigt. Und dazu kommt, dass man sich als Mutter zu einer Person abgestempelt fühlt, die es ihrem Kind erlaubt, sich verstümmeln zu lassen. Unerhört. Die haben überhaupt keine Ahnung, wieviel Arbeit, wieviel emotionale Energie, wie viele Sorgen und Zeit dieser Prozess in Anspruch nimmt", Hannahs Gedanken fuhren Achterbahn. Sie war wütend.

Die Ernsthaftigkeit und Notwendigkeit einer Mastektomie für Ryan wurden trotz des erneuten Engagements nicht erkannt. Die Krankenkasse wies den Widerspruch zurück. Es hieß, dass ein neuer Antrag erst bearbeitet wird, wenn Ryan das 18. Lebensjahr erreicht hätte.

Was würde das für Ryan bedeuten? Vier Jahre erneute Depression? Weiteres Verstecken der weiblichen Brust hinter einengenden, umständlichen Bindern? Keine Schwimmbadbesuche und jeden Tag hadern mit dem weiblichen Körper? Vielleicht auch wieder in ganz tiefe Unzufriedenheit verfallen und erneute Suizidgedanken hegen?

Und was würde es für Hannah bedeuten? Vier Jahre Angst um ihren Sohn? Seine Unzufriedenheit jeden Tag abfangen? Daran selbst zerbrechen?

Nein, das sollte so nicht werden. "Ich lasse es nicht zu, dass irgendwelche fremden Menschen, die an ihrem Schreibtisch sitzen und Dienst nach Vorschrift machen, über Ryan bestimmen", dachte Hannah und versprach ihrem Sohn, zeitnah eine Lösung zu finden.

Es dauerte nicht lange, bis die Entscheidung fiel, die Operation privat zu bezahlen und   zwar sofort die Kombioperation, also Mastektomie, Hysterektomie und Adnektomie in einem Termin.

Die Gründe dieser Entscheidung: Nur einmal die körperlichen Strapazen einer Vollnarkose, nur einmal Krankenhausaufenthalt, danach könnte Ryans Körper bis zum 18. Lebensjahr ruhen und heilen. Denn ein Penoidaufbau ist erst ab der Volljährigkeit möglich. Vorher würde das Hannah auch nicht befürworten, weil es mehrere und komplizierte Operationen erfordert.

Auch hinsichtlich der Kosten empfand Hannah eine Kombioperation als vorteilhafter, da nur einmal Anästhesie und nur einmal der Krankenhausaufenthalt bezahlt wird.

Dem Operationstermin stand somit nichts mehr im Wege, außer die monatelange Wartezeit. Diese wurde von Ryans Vorfreude vertrieben und verstrich im Nachhinein wie im Flug.

Die Reise zur OP

Da Hannah zu der Zeit kein Auto besaß, wählten ihr Sohn und sie die Fahrt nach Hamburg mit dem Zug. Ryan wollte unbedingt einen Sitzplatz mit Tisch. Da Hannah bereits sehr früh mit den Planungen für diese Reise begann, buchte sie ein günstiges Angebot in der 1. Klasse, zwei gegenüberliegende Sitzplätze mit dem gewünschten Tisch. Sie wurden am frühen Morgen zum Bahnhof gebracht, das nötige Gepäck dabei. Die Aufregung beider wuchs jede Minute. Bald würden sie in das Zugabteil einsteigen und die Reise zu dem für Ryan langersehnten Termin würde endlich beginnen. Der Zug fuhr pünktlich auf dem Gleis ein. Sie suchten den gebuchten Wagon und ihre Plätze.

Wie sollte es bei ihren ganzen Abenteuern auch anders sein: Bevor der Zug in Richtung Hamburg aus dem Bahnhof rollte, erlebten sie ihre erste Überraschung. Auf einem ihrer Sitzplätze schlief ein junger Mann, den Oberkörper und Kopf abgelegt auf dem Tisch. Da ihre Plätze reserviert waren, weckte Hannah ihn. Er schien nicht ganz zu begreifen, was um ihn herum geschah und als er sich torkelnd erhob, schubste er eine noch halbvolle Dose mit irgendeinem alkoholischen Mischgetränk um, welches sich über den ganzen Tisch und über einen der Sitze ergoss. "Oh Nein", seufzte Ryan und rollte seine Augen. Na ja, es war ja nicht sein Sitz, denn er wollte ja vorwärts fahren. Es war Hannahs Sitz, eben der, mit der Fahrtrichtung rückwärts. Als Mutter hatte Hannah sich angewöhnt, stets Tempotaschentücher in ihrer Tasche mit sich zu tragen. Den Vorrat verbrauchte sie komplett, um Tisch und Sitz halbwegs wieder benutzbar zu machen. Der Mann säuselte ein leises und ignorantes "Entschuldigung", setzte sich einen Sitz hinter Hannah und schlief sofort wieder ein. Auch der Lärm einiger ausgelassener Männer im angrenzenden Speisewagen, der direkt zu ihnen herüber schallte, da dort früh morgens schon Bier getrunken und gefeiert wurde, hielt diesen Mann nicht vom Schlafen ab. Er räkelte sich direkt hinter Hannah auf seinem Sitz und hatte seinen linken Fuß auf seinen rechten Oberschenkel gelegt, so dass sein linker Fuß an Hannahs Sitzlehne vorbei fast auf ihrer rechten Schulter ruhte. Hannah ließ sich ihren Unmut über dieses ganze Missgeschick nicht anmerken und dachte, um sich selbst zu beruhigen:

"Es sind ja nur ein paar Stunden in diesem Zug."

"Das wird ja eine tolle Fahrt", sagte Ryan mit einem deutlich ironischen Unterton in seiner Stimme, "1. Klasse, da habe ich aber was anderes erwartet und den Tisch will ich jetzt auch nicht mehr benutzen, so klebrig, wie der ist." Hannah blieb nach wie vor ruhig und erwiderte, "das hier ist ja das kleinste Übel." Da der Tisch zwischen beiden wirklich sehr klebte, hielten sie Abstand und benutzen diesen auch nicht, wie vorher vorgesehen, zum Brotdosen abstellen oder Spiele spielen. Sie ließen die Zeit der Fahrt zurückgelehnt in ihren Sitzen einfach an sich vorüberziehen. Die im Zug vom Personal verteilte Schokolade tröstete ein wenig über die Zustände hinweg.

Am Hamburger Hauptbahnhof angekommen suchten, sie den richtigen Gleis der S-Bahn, welche sie nach Reinbek fuhr, ihrem Zielort. Diese Fahrt verlief reibungslos. Der Weg zur Klinik war dann doch noch etwas beschwerlich. Es ging mit dem ganzen Gepäck in den Händen zu Fuß über Kopfsteinpflaster steil bergauf. Erst als sie verschwitzt ihr Ziel erreichten, stellten sie fest, dass sich genau vor der Klinik eine Bushaltestelle befand und die Buslinie, die sie unten im Dorf an der S-Bahnhaltestelle gesehen hatten, genau dort hielt. Na ja, eine kleine sportliche Einheit nach dem langen Sitzen und den noch folgenden Sitzeinheiten der nächsten Tage, sollten nur kurzfristig die Vorfreude auf das bevorstehende Ereignis trüben. Hannah checkte erst im Hotel neben der Klinik ein und anschließend gingen beide zur Aufnahme in die Klinik. Das ganze Prozedere der Aufnahme dauerte einige Stunden. Schriftkram, Zimmer beziehen und vor allen Dingen das Warten auf das Anästhesievorgespräch nahm etliche Zeit in Anspruch. Am späten Nachmittag war dann alles geschafft.

Ein gemeinsames Abendessen rundete diesen anstrengenden Anreisetag ab.

Der Tag der OP

Die erst Nacht in Hamburg verbrachte Ryan in seinem Klinikzimmer und Hannah in ihrem Hotel. Beide hatten aufgrund der Aufregung vor der Operation und der ungewohnten Umstände sehr unruhig geschlafen.

Ryan wurde sehr früh am Morgen geweckt, da der operierende Arzt seinen Körper "einzeichnete".

Ryan war der zweite Patient, der an diesem Tag operiert werden sollte. Er musste also bis mittags warten. Diese Wartezeit zog sich wie ein Kaugummi hin. Jeder weiß ja, dass Minuten zu Stunden werden, wenn man auf etwas wartet. Und als Ryan und Hannah fast schon Wurzeln geschlagen hatten und vor Langeweile sich nur noch stumm anstarrten, kam die Schwester ins Zimmer, um Ryan zur OP abzuholen. Der große, lang herbeigesehnte Moment war nun endlich da. Ryan wirkte ruhig und gelassen, auch ohne die berühmte "LMA-Tablette" vor den Operationen. Er lehnte sie ab, um ganz bewusst bis zur Vollnarkose in seinen Termin hineinzugehen. Dann verschloss sich die Tür seines Zimmers und es blieb Hannah nur eins: Gute Energie und

Glück zu senden, positive Gedanken zu haben, sich immer wieder zu sagen: "Es geht alles gut".

Hannah verbrachte den Tag draußen in der Natur. Es war ein sonniger, warmer Herbsttag. Direkt neben der Klinik und ihrem Hotel befand sich ein schöner Wald, der mit seinem durch bunte Blätter gepflasterten Boden zum Spazierengehen einlud.

Hannahs Gedanken waren jede Sekunde bei ihrem Sohn.

Sechs Stunden vergingen, bis Ryan wieder auf sein Zimmer gefahren wurde. Hannah wartete dort bereits auf ihn. Seitlich aus seinem Rumpf hingen die Drainagen. Die beiden Fläschchen, welche das aus den Drainagen abfließende Blut und die Lymphe sammelten, waren am Bett befestigt, die Brust mit Wundverband verklebt. Den Oberkörper durchzogen noch die Eddingstriche, die vor der OP am Morgen beim "Einzeichnen" aufgetragen wurden und Ryan sah durch das Jod, mit dem der ganze Oberkörper und Bauch eingepinselt wurde, aus, als ob er gerade aus einem Karibikurlaub zurückkam. Er schien sehr gefasst und genauso ruhig und gelassen zu sein, wie zu dem Zeitpunkt der Abholung aus dem Zimmer.

"Wie geht es Dir?", fragte Hannah.

"Gut, ich habe Hunger", war Ryans kurze Antwort, welche so klang, als ob überhaupt nichts gewesen sei. Mit dem Essen musste er allerdings noch ein Weilchen warten. Eine Stunde später durfte Hannah ihm ein Brot mit etwas spärlichem Aufstrich geben. Es erinnerte sie ein bisschen an die Zeit, als er noch klein war und Hannah ihn füttern musste. An diesem Abend blieb Hannah bei ihm, bis er ganz müde wurde und seine Augen zufielen. Er war noch sehr angestrengt von der OP und allem was sich davor ereignet hatte. Ryan hielt die Hand seiner Mutter so fest, als ob er ihr damit während des Einschlafens sagten wollte, dass sie die ganze Nacht neben ihm sitzen bleiben sollte. Hannah hätte das sogar gemacht, aber die Schwestern gaben ihr ein Zeichen, dass es Zeit war, die Nachtruhe einzuhalten, so dass auch der Zimmernachbar schlafen konnte. Hannah küsste die Stirn ihres Sohnes und flüsterte ihm zu, "ich bin morgen so früh wie möglich wieder bei dir."

Ryan schlief erschöpft und doch zufrieden ein und Hannah machte sich auf den Weg zu ihrem Hotel.

Die weiteren Tage nach der OP

Der Tag nach der OP startete für beide erstmal erschöpft. Hannah konnte kaum schlafen, da sie unterbewusst schon den Morgen erhoffte, um wieder bei Ryan zu sein und zu sehen, wie es ihm geht. Er hatte kaum Schmerzen, brauchte seine Schmerztabletten nicht. Die Drainagefläschchen enthielten wenig Lymphe und Blut. Er machte einen guten und stabilen Eindruck, vor allen Dingen eine zufriedene Ausstrahlung. Nur dass er sich mit fünf Gleichgesinnten ein Bad und eine Toilette teilen musste, schmälerte seine Zufriedenheit über den erfolgreichen Körperwandel.

Da das bei der OP bei allen Beteiligten auf die Haut aufgetragene Jod Spuren auf dem Toilettensitz hinterließ und die Betroffenen wegen der lästigen Drainageflaschen und der dadurch erzeugten Unbeweglichkeit nicht auf die Idee kamen, den Toilettensitz nach der Benutzung entsprechend zu reinigen, musste Hannah vor jedem Toilettenbesuch ihres Sohnes alle Spuren der Vorgänger beseitigen und genauestens desinfizieren. So verhielt es sich auch, wenn Ryan die Dusche benutzen wollte. Niemand der Jungs auf der Station – sie waren ja auch alle schon viel älter als Ryan – hatten konstant Eltern, Freunde, Bekannte oder Verwandte dabei, die sich um die Pflege und Desinfektion der Toilette und der Dusche kümmerten.

Ryan sprengte mit seinen vierzehn Lebensjahren in dem Krankenhaus den Rekord des jüngsten Transjungen, der jemals dort operiert wurde.

Zweimal am Tag ging Ryan zum Lasern der Brustwarzen. Dadurch wurde die Durchblutung der Haut gesteigert und das Verbinden der Hautschichten. Da die Brustwarzen aus den eigenen verkleinert "aufgenäht" wurden, musste aufgepasst werden, dass das Gewebe nicht wieder abstirbt, im Fachausdruck: nekrotisiert. Neben dem Lasern werden auch spezielle Pflaster großflächig auf die Brustwarzen geklebt und mit zusätzlichem Wundverband obendrauf geschützt. Dieses Prozedere musste jeden Tag nach dem Duschen und nach dem Lasern sorgfältig erneuert werden, damit die Haut der Brustwarzen nicht austrocknete.

Hannah tröstete Ryan, wenn er traurig war, da er gern sofort nach Hause gefahren wäre. Sie gingen spazieren, entweder draußen oder unzählige Male im Krankenhausflur im Kreis, sie schauten bis spät Fern, sie unterhielten sich miteinander und mit den anderen Transjungen auf der Station oder saßen einfach nur stumm zusammen. Viel Zeit nahm natürlich die nötige Hygiene des Gemeinschaftsbades in Anspruch, wobei Hannah Unmengen an Desinfektionsspray, Einweghandschuhen und Papierhandtüchern verbrauchte. Über die Schwierigkeiten nach einer Bauchoperation überhaupt wieder den gewohnten Gang zur Toilette zu finden, muss hier nicht diskutiert werden.

Bei der Hysterektomie wird der Bauch mit Gas aufgebläht, um die umliegenden Organe zu schützen. Der Bauch sieht demnach auch nach der OP längere Zeit immer noch sehr aufgebläht aus, was Ryan sehr zu schaffen machte. Er hatte vor der OP bewusst sehr viel Gewicht abgenommen und war zu Recht stolz auf diese Leistung. Die Psyche litt enorm unter dem OP-Bäuchlein und Hannah musste ihn immer wieder motivieren und ihm gut zureden, dass es dauerte, bis sich seine Körpermitte wieder "glättet". Vierzehnjährige haben dieses Bewusstsein noch nicht, dass eine Hysterektomie ein sehr großer Eingriff ist. Ryan dachte, alles sei sofort wie vorher und litt sehr darunter, wie sein Körper auf die OP antwortete. Die Krankenschwestern waren sehr nett und verständnisvoll und kümmerten sich mitfühlend um die Wünsche und Bedürfnisse der jungen Patienten auf der Station, die übrigens ausschließlich für die Betreuung der operierten Transgender reserviert war.

Doch für die Seele ist es wichtig, dass vertraute Personen zur Stelle sind, um Verständnis und liebevolle Unterstützung zu leisten. Und das gilt sicher nicht nur für vierzehnjährige Teenager.

In der Unterhaltung mit seinen Gleichgesinnten auf der Station stellte Ryan fest, dass er Glück hatte, schon so früh seiner Männerseele den passenden Körper formen lassen zu dürfen. Diese Transgender waren schon viel älter (ca. 24-35 Jahre) und haben lange unter ihrer Weiblichkeit gelitten, da sie wenig bis keine Unterstützung und kein Verständnis von ihren Eltern in jungen Jahren erhalten hatten.

Die Krankenschwestern erzählten, dass der älteste Transgender, der dort operiert wurde, schon 65 Lebensjahre vorzuweisen hatte. Das spricht möglicherweise dafür, dass die Seele keine Ruhe gibt, bis sie sich selbst verwirklichen und verkörperlichen kann. Für Hannah waren die Gespräche mit den Gleichgesinnten eine Bestätigung, dass sie als

Mutter richtig gehandelt hatte, um ihrem Sohn viel Leid zu ersparen.

Die Zeit im Krankenhaus verstrich langsam, allerdings gab es bei Ryan keine Komplikationen und so wurde er am fünften Tag seines Klinikaufenthaltes entlassen.

Für die Rückfahrt organisierte Hannah ein Leihauto, da sie eine Zugfahrt mit Gepäck nach so einem Eingriff nicht verantworten konnte. Ryan war auf der Rückfahrt erschöpft und schlief viel. Der Anschnallgurt drückte über den Narben und das Sitzen nach der Hysterektomie machte Beschwerden.

Trotz der ganzen Strapazen erreichten sie endlich wieder ihr zu Hause.

Die Unwissenheit, welch anstrengende Zeit für beide noch bevorstand, blieb.

Starke Nerven erforderlich für das "Danach"

"Mama, die Blutung hört niemals auf, die haben da bestimmt irgendwas falsch gemacht, die anderen auf der Station hatten nach drei Tagen schon keine Blutungen mehr. Warum dauert das bei mir so lange? Da stimmt was nicht", quengelte Ryan. Tatsächlich machte Hannah sich auch Gedanken, warum nach der Hysterektomie eine so lange Blutung nachwirkte. Hannah mailte dem Operateur. Er verwies auf Geduld und erwiderte, es könne in Individualfällen bis zu sechs Wochen dauern. Und es dauerte bei Ryan tatsächlich so lange. Jeden Tag erneute Klagen und Unzufriedenheit, wo eigentlich nach der OP Freude über die gewünschten Veränderungen erwartet wurde. Die Erinnerungen an die Weiblichkeit, an die Menstruation vor der ganzen Hormoneinstellung, die damals schon fast den Klinikaufenthalt eingeläutet hätte, wallten erneut auf. Tag für Tag beruhigte Hannah ihren Sohn und erklärte ihm, dass er seinem Körper die notwendige Zeit der Genesung nach so einem großen Eingriff erlauben sollte.

Nach langen, emotional anstrengenden sechs Wochen war der Spuk endlich vorbei.

Andere Probleme und Bedenken einer nicht ganz gelungenen OP prallten allerdings parallel alle auf einmal in den Alltag und damit auch in Hannahs Nervenkostüm als Mutter, die alleine für Ryans Sorgen stets parat war, tröstete, Mut machte und sich um alles kümmerte.

"Mama, mein Bauch ist immer noch so dick, der wird nie mehr flach. Was haben die da falsch gemacht?", fragte Ryan skeptisch. "Es dauert, bis sich dein Bauch wieder zurückbildet. Da haben wir doch schon drüber gesprochen", versuchte Hannah zu trösten, "dein Bauch ist nun mal mit Gas gefüllt gewesen, um deine Organe zu schützen und eine Rückbildung dauert ihre Zeit. Als ich mit dir schwanger war, dauerte es auch, bis mein Bauch wieder ganz flach war." Erst drei Wochen nach der OP verabschiedete sich Ryans aufgeblähter Bauch.

"Mama, da ist eine Wasseransammlung am Ende der Narbe. Das sieht ja total blöd aus, das ist aber nicht schön geworden. Das sieht ja immer noch total weiblich aus, als ob man einfach meine Brust abgeschnitten hat. Das sieht gar nicht wie eine Männerbrust aus. Das hat der nicht richtig gemacht. Das muss nachoperiert werden", bemängelte Ryan erneut.

Dieses Problem war Hannahs Meinung nach das schlimmste, denn hier handelte es sich um die immerwährende Optik des Mastektomie-Ergebnisses. Es handelte sich um eine kleine Schwellung am Ende einer Narbe auf der linken Seite. Hannahs Reden, dass sich Schwellungen erst einige Wochen nach der OP zurückbilden und sich der Muskel mit der Zeit durch das Fitness-Training formt, wirkten nicht überzeugend auf Ryan. Hannah schrieb wieder den Operateur an und dieser verwies natürlich wiederum auf Geduld. Hannah telefonierte sogar mit ihrer Gynäkologin, um zu fragen, ob es Sinn mache, die Brust mit einem Ultraschall zu untersuchen und eventuell die ödematöse Stelle zu punktieren. Die Ärztin antwortete, dass Schwellungen erst bei einer Größe eines Brötchens punktiert werden und verwies ebenso auf Geduld.

Ryans Schwellung hatte vielleicht die Größe einer Mirabelle, also wieder abwarten. Jeden Tag blickte er kritisch in den Spiegel. Ihn störte diese Stelle und dass er noch lange kein Fitness-Training machen durfte.

Machtlos zu sein gegenüber den Genesungsprozessen und Selbstheilungsprozessen des eigenen Körpers stellte für Ryan eine große Herausforderung dar, aber es blieb ihm nichts anderes übrig, als es zu akzeptieren.

Hannahs Nervenkostüm wurde immer durchsichtiger und dünner. Hannah konnte die ganzen Beschwerden kaum noch ertragen und musste sich sehr disziplinieren, noch als bodenständige Unterstützerin zu agieren. Doch wieder war es die Liebe zu ihrem Sohn, die ihr die Kraft und das Durchhaltevermögen schenkte.

Bedenken, dass die Brustwarzen nicht richtig durchblutet werden und absterben, dass ein Pickel, welches sich genau in eine lange Brustnarbe setzte, die Narbe zum Platzen bringen könnte, dass die Akupunkturpflaster die Narben zerstören könnten, die Narben durch falsche Bewegungen zu breit werden könnten, all das kam noch hinzu. Manchmal dachte Hannah, dass es besser gewesen wäre, die OP noch aufzuschieben, um der Wahrnehmung eines Jugendlichen die Chance zu geben "erwachsener" damit umzugehen. "In so jungen Jahren, mitten in der Pubertät, ist Geduld ein Fremdwort. Den Dingen ihre Zeit zur Entwicklung zu geben, fällt sicherlich vielen Jugendlichen schwer", tröstete sich Hannah selbst. Zwei Monate und mehr vergingen, bis sich die Wogen legten und die Beschwerden abebbten.

Die Pflicht der Schule rief und es kehrte wieder Ruhe und Gewohnheit in Ryans Alltag ein.

Er konnte endlich seinen "neuen" Körper gut annehmen und sich selbst attraktiv fühlen. Auch hatte er in seinen jungen Jahren die Lebensweisheit der Geduld kennengelernt und festgestellt, dass "die Zeit wirklich Wunden heilt".

Mit Ryans Zufriedenheit konnte auch Hannah endlich durchatmen und sich wieder mehr ihrer Arbeit, ihrem älteren Sohn, ihrem Lebensgefährten und sich selbst widmen. "Manchmal sind diese in der ganzen Zeit bestimmt zu kurz gekommen", dachte Hannah.

Wenn Betroffene glauben, dass diese OP ein Schalter ist, den man umlegt und sofort als neue Persönlichkeit lebt, dann muss an dieser Stelle die Illusion leider genommen werden. Dem ist ganz und gar nicht so. Aber wenn man sich dessen bewusst ist, worauf man sich einlässt und sich selbst und seinem Körper die Zeit "Danach" gönnt, dann wird man nicht nur mit seinem Wunschkörper belohnt, sondern auch mit Selbstsicherheit und Zufriedenheit.

Dann hat sich der Weg gelohnt.

Und dieser Weg eines Transgenders ist ein "Lebensweg", auch für Ryan. Die Testosteronspritzen werden ein Leben lang verabreicht und zeigen die verschiedensten Nebenwirkungen. Die körperlichen Kontrolluntersuchungen werden zur Regelmäßigkeit. Auch die psychologische Betreuung wird ein Wegbegleiter bleiben. All dies nimmt Ryan in Kauf, damit er als Mann leben kann.

In ein paar Jahren, wenn er volljährig ist, wünscht er sich die komplette Geschlechtsangleichung. Bis dahin kann sich sein Körper von den Strapazen der ersten OP gut erholen, um dann mit allen Erfahrungen und neuer Kraft den vollendenden Schritt der kompletten Geschlechtsangleichung zu wagen.

Anhang

Sichtweisen

Die spirituelle Sicht oder die Frage des "Warum"

Es gibt zu allen Dingen verschiedene Wahrnehmungen, so bestimmt auch zu dem Thema der Transsexualität. Einige Therapeuten vertreten sogar die Ansicht, man könne die Transsexualität "wegtherapieren", oder es sei eine Sache der Erziehung. Dass zum Beispiel Mädchen wie Jungen erzogen worden sind, weil sich Eltern womöglich einen Jungen gewünscht, aber ein Mädchen zur Welt gebracht haben oder umgekehrt. Die Gründe mögen sehr individuell sein und der Mensch neigt dazu, für alles eine Erklärung haben zu wollen, doch bleiben es im Endeffekt lediglich Hypothesen, manchmal vielleicht sogar Unterstellungen, wenn es sich um dieses Thema handelt. Transidente Menschen fühlen schon sehr früh, dass sie "anders" sind, outen sich allerdings erst, wenn der Verstand das Gefühl überprüft und betitelt hat. Das kann, wie bei Ryan, schon im sehr jungen Alter geschehen, da er unterbewusst gespürt hat, in Hannah eine auch für dieses Thema verständnisvolle

Mutter zu haben. Andere Transgender brauchen länger Zeit, weil sie versuchen, sich den Normen der Gesellschaft, welche auf Heterosexualität geprägt sind, anzupassen. Vermutlich denken und spüren sie, dass ihr Umfeld genau das von ihnen erwartet. Vielleicht fehlt ihnen auch der Mut, ihren Angehörigen ihre Andersartigkeit zu präsentieren, weil sie Angst vor Unverständnis und Ablehnung haben. Es gibt meiner Meinung nach für die Transsexualität keinen wissenschaftlich festgelegten Rahmen und genau deshalb ist das Thema so brisant. Ärzte und Therapeuten zögern, wenn Kinder oder Teenager schon sehr früh genau diese Andersartigkeit artikulieren und leben wollen, so wie bei Ryan. Der Mensch braucht Regeln, Thesen, Grenzen, Belege und einen Rahmen, in dem er sich bewegt. Damit kann alles erklärt und vielleicht auch entschuldigt werden. "Es ist so, weil..."

Für Transsexualität gibt es aber keinen bestimmten Grund.

Transsexualität ist, weil sie ist.

Dieser Satz ist nicht belegbar und genau deshalb darf er angezweifelt werden und wird es auch.

Jeder Mensch hat das Recht etwas anzuzweifeln, jeder Mensch hat aber auch das Recht etwas zu fühlen, ohne dass es wissenschaftliche Belege dafür gibt.

Versuchen wir mal eine philosophische oder spirituelle Bedeutung der Situation von Ryan und Hannah zu erläutern:

Hannah hatte sich ein Mädchen gewünscht. Es passte so schön, der große Bruder war ja schon da. Die perfekte Familie: Mann, Frau, großer Bruder, kleine Schwester.

Als Hannah erfuhr, dass es ein Mädchen wird, war ihr Glück perfekt.

Die Frage "Warum" es ein Mädchenkörper ist, aber darin eine Jungenseele lebt, hatte auch Hannah sich später gestellt.

So machte sich Hannah für ihre persönliche Situation ihre Gedanken, ob es tatsächlich einen Hintergrund für Ryans Gesinnung gab. Hannah konnte nur bis zu ihrer eigenen Uroma zurückdenken, da Hannah die Ahnen davor nicht kannte. Sie stellte fest, dass sich ein "roter Faden" durch ihr familiäres "Frauendasein" zog. Ihre Uroma, ihre Oma, ihre

Mutter und Hannah selbst waren alles Frauen, die von ihrem Mann nach gewisser Zeit getrennt lebten und für sich und die Familie die Versorgerrolle, also die Männerrolle übernommen haben. Starke und selbstbestimmte Kämpferfrauen, ohne die Möglichkeit mal so richtig Frau zu sein, sich an einen Mann anlehnen zu können, Aufgaben abzugeben, die weiche, weibliche Rolle zu leben. Hannah kannte natürlich nur ihre eigenen Gedanken zu diesem Thema. Vielleicht haben sich ihre Vorgängerinnen in ihrer Rolle wohl gefühlt. Ihr selbst hat es nicht immer gutgetan, ständig zu funktionieren und zu versorgen, zu kämpfen und zu organisieren, in ihrem Handeln mehr Mann als Frau zu sein. Daran scheiterte auch ihre Ehe, da dort die klassischen Rollen vertauscht waren. Hannahs Exmann war Hausmann und Hannah verdiente das Geld. Hannah wurde nicht zum Arbeiten gezwungen, es war eine klare Rechnung, da Hannah einfach mehr Geld in ihrem Beruf verdiente. Das machte sie allerdings nicht immer glücklich.

Ryan wäre als Lea in diese familiäre Reihe der "Frauen ohne Mann in der Männerrolle" möglicherweise eingefädelt worden. Aus spiritueller Sicht gibt es Seelen, die sich inkarnieren, um genau solche "roten Fäden" in den Reihen der Ahnen zu durchtrennen. Jede Seele hat eine Aufgabe in ihrem Erdenkörper. Möglicherweise war es Zeit, diese sich wiederholende Lebensweise in Hannahs Ahnengalerie der Frauen zu stoppen.

Selbst Hannah wollte als kleines Mädchen lieber Junge sein. Sie zog Jungs als Spielkameraden den Mädchen vor, zog Hosen statt Röcke an und fand das "typische Mädchengehabe" immer albern und blöd.

Wenn man doch eh als Frau die Männerolle lebt, warum dann nicht gleich als verkörperter Mann? All dies sind Hypothesen, aber vielleicht hat sich Ryans Seele vorgenommen, genau das zu leben und diesen anstrengenden "Frauenfaden" zu durchtrennen. Denn es gibt in Hannahs Verwandschaftslinie 1. Grades nun kein Mädchen mehr, die dieses "Männerrollenspiel" weiterführen könnte.

Eine "Erlösung" für die Nachkommen?

Wer nun meint, dass diese Auffassung reine Spinnerei ist, hat ein gutes Recht dazu. Der oder diejenige vergisst einfach diese Zeilen.

Hannah könnte für ihre eigene Situation auch denken, dass Ryan von seinem   Papa ab dem dritten Lebensmonat das Fläschchen bekommen hat, dass Papa zu Hause war und auch der große Bruder. Ryan also nur Männer um sich hatte, als Junge erzogen wurde und genau deshalb diese männliche Rolle komplett verkörpern wollte.

Allerdings haben auch andere Mädchen einen großen Bruder und dort nimmt eventuell der Vater ebenso Elternzeit und es ergibt sich nicht gleich ein Transjunge daraus. Diese Erklärung wäre ja auch zu simpel. Wie immer es auch ist, es ist und bleibt Vermutung und eine individuelle Sichtweise.

Jeder, der eine Antwort auf das "Warum" einer transsexuellen Gesinnung sucht, hat viele Möglichkeiten für seine eigene, ganz subjektive Erklärung. Auf jeden Fall sollte sich jeder das Recht einer subjektiven Erklärung einräumen und wenn diese stimmig ist, sich nichts anderes einreden lassen.

Oder die Suche nach Erklärungen loslassen und annehmen, dass *Transsexualität ist, weil sie ist.*

Die Anträge (Beispieltexte):

Hannah musste unzählige Anträge während des ganzen Prozesses schreiben.

Für Leser, die sich an den wichtigsten Anträgen orientieren wollen, sind Hannahs Formulierungen nachfolgend aufgeführt:

An das zuständige Amtsgericht:

Antrag nach dem Transsexuellengesetz (TSG) zur Namens- und Personenstandsänderung

Sehr geehrte Damen und Herren,

hiermit beantrage ich die Personenstandsänderung und die Namensänderung meines als Mädchen mit dem Namen Lea geborenen Kindes. Meine Tochter lebt nun schon seit der Kindergartenzeit im falschen Körper. Direkt kommuniziert wurde es vor ca. 2 Jahren, obwohl diese Entwicklung schon lange ersichtlich war. Wir sind dahingehend tätig geworden, die transsexuelle Entwicklung durch Spezialisten zu bestätigen. Der Bericht der Klinik liegt diesem Antrag bei. Gerne kann sich das Gericht auch direkt dorthin wenden, laut Aussage der behandelnden Ärzte.

Der Vorname soll Ryan sein. Der Nachname bleibt. Und die Änderung von weiblich in männlich wird beantragt, damit entsprechende Ausweisformulare etc. geändert werden können.

Gerne reiche ich die noch benötigten Unterlagen ein. Bitte geben Sie mir doch Bescheid über das weitere Vorgehen.

Mit freundlichen Grüßen

An das zuständige Familiengericht, welches erst das Verfahren zur Namens- und Personenstandsänderung genehmigen musste, wegen des jungen Alters:

Antrag auf Genehmigung des Verfahrens nach § 3 TSG Aktenzeichen ...Personenstandssache ....

Sehr geehrte Damen und Herren,

bezüglich des obigen Aktenzeichens beantragen wir als Erziehungsberechtigte gemeinsam die familiengerichtliche Genehmigung für den Antrag nach § 1,8 ff. TSG.

Mit freundlichen Grüßen

An die zuständige Krankenkasse:

<u>Antrag zur Mastektomie und Hysterektomie</u>

Sehr geehrte Damen und Herren,

Mein Sohn Ryan ist in Behandlung wegen Transsexualität, welche nachweislich diagnostiziert ist. Er ist nach 14-monatiger Behandlung mit einem pubertätshemmenden Präparat nunmehr auf Testosteron eingestellt. Er nimmt an regelmäßigen medizinischen und psychologischen Verlaufskontrollen teil und es bestehen zwei Gutachten, die die Grundlage seiner Personenstandsänderung und Namensänderung bilden. Dieses ist mit Beschluss des Amtsgerichtes ...vom...bereits vollzogen und sämtliche amtlichen Urkunden geändert.

Wir, ...als gesetzliche Vertreter von.... beantragen schon jetzt, rechtzeitig, Ihre Zusage der Kostenübernahme einer Mastektomie, da Vorgespräche und Wartezeiten ein längerer Weg sind. Damit Ryan in seinem sozialen Umfeld als Mann zugehörig ist, sich als solcher entwickeln kann, ist eine vollständige Entfernung der weiblichen Brust erforderlich. Ich bitte um Mitteilung, welche Unterlagen eine Zusage der Kostenübernahme stützen, die wir sodann selbstverständlich einreichen bzw. erwirken können.
Mit freundlichen Grüßen

Nochmaliger Antrag, nachdem die Krankenkasse die Liste der notwendigen Unterlagen angefordert hatte:

Antrag auf Kostenübernahme der Operation
(Mastektomie/Hysterektomie) bei Transsexualität

Sehr geehrte Damen und Herren,

hiermit beantrage ich die Kostenübernahme der geschlechtsangleichenden Operation (Frau zu Mann) für meinen Sohn Ryan .... wie im Betreff näher beschrieben und nehme begleitend Bezug auf meine erste Anfrage vom .... sowie Ihr Antwortschreiben vom ....

Die kurzfristig angestrebten operativen Maßnahmen sind die Mastektomie sowie Hysterektomie, da Ryan sehr unter den körperlich-weiblichen Merkmalen leidet.

Mittel- sowie langfristig sind von ihm vollständig geschlechtsangleichende operative Maßnahmen gewünscht. Ryan lebt schon seit dem Kindergartenalter in seiner Rolle als Junge. Bei ihm bestehen keine Zweifel, dass es je anders sein könnte. Demnach sind auch bereits etliche Maßnahmen – und diese trotz seines jungen Alters mit Erfolg - eingeleitet worden, die ihn seiner Identität immer näherbringen.

Die von Ihnen erbetenen notwendigen Unterlagen lege ich diesem Leistungsantrag in Kopie als Anlage zwecks Prüfung beim Medizinischen Dienst der Krankenkassen (MDK) bei. Aus diesen Unterlagen ergibt sich inhaltlich alles zu Ryans biographischem Werdegang als Transjunge.

Im Namen meines Sohnes Ryan blicke ich einer Zusage der Kostenübernahme mit Zuversicht entgegen und verbleibe

mit freundlichen Grüßen

Widerspruch gegen den Ablehnungsbescheid bezüglich der
Kostenübernahme an die Krankenkasse:

Widerspruch gegen den Bescheid
vom...Versicherungsnummer: ...

Sehr geehrte Damen und Herren,

gegen den Bescheid vom..., welcher die Ablehnung der Kostenübernahme der geschlechtsangleichenden Operation (Mastektomie und Hysterektomie) für meinen Sohn Ryan..., geb. ..., beinhaltet, lege ich mit großer Betonung

WIDERSPRUCH *ein.*

Begründung:

Die von mir eingereichten Unterlagen beinhalten mehr als ausgesprochene Ausführlichkeit zu dem Zustand und der Entwicklung meines Sohnes. Ärzte und Psychologen haben umfangreiche Gutachten erstellt und bei empathisch genauer Durchsicht müsste meiner Meinung nach erkennbar sein, dass mein Sohn – trotz seines noch vermeintlich jungen Alters – unter seinen weiblichen Merkmalen schon seit langer Zeit ausgesprochen leidet. Wie soll ein 14-jähriger noch 4 Jahre bis zu seiner Volljährigkeit leben, wenn er sich nicht nur wie ein männlicher Jugendlicher fühlt, sondern innerlich und äußerlich das komplette männliche Bild lebt, allerdings mit einer weiblichen Brust! Tagtäglich in einen Binder eingezwängt, der ihm teilweise die Luft zum Atmen nimmt, den er auch nachts trägt, wenn er bei Freunden übernachtet, oder auf Klassenfahrten fährt. Sich in keinen Verein integrieren kann, weil er sich nicht einfach in der Jungenumkleidekabine umziehen kann, 4 weitere Jahre nicht mehr ins Schwimmbad geht, auch wenn alle seine Freunde es im Sommer mit Begeisterung tun.

Medizinische Notwendigkeit ist wohl rechtlich gesehen ein rein funktioneller Begriff, was ich aus menschlicher Sicht sehr bedauernswert finde.

Dann würde die Krankenkasse lieber eine 4-jährige Therapie mit Antidepressiva inklusive der kompletten Nebenwirkungen bezahlen, oder womöglich wird noch viel mehr in Kauf genommen, als einem Jugendlichen durch die geschlechtsangleichende Operation ein zufriedenes, integriertes Heranwachsen bis zu seiner Volljährigkeit zu ermöglichen? Das finde ich doch mehr als erschreckend.

Ich dachte, in den Gutachten ist deutlich argumentiert worden, dass Ryan psychisch unter seinen – leider in seinem Fall sehr ausgeprägten - weiblichen Merkmalen leidet. Es ist auch nicht bedacht worden, dass nicht alle 14-Jährigen gleich zu betrachten sind und dass unterschiedliche körperliche Entwicklungen und geistige Horizonte im selben Alter existieren. Auch das ist in den Gutachten und den eingereichten Unterlagen mehr als deutlich vorgetragen worden. Aber mehr erschüttert mich die Missachtung der psychologischen Sichtweise, zu behaupten, es läge keine medizinische Notwendigkeit vor und einen Jugendlichen 4 weitere Jahre leiden zu lassen. Daraus könnte sich sehr wohl eine dann weitgreifendere medizinische Notwendigkeit entwickeln.

Die Ablehnung der Kostenübernahme für die Hysterektomie hätte ich ja noch verstanden, aber der Ablehnung der Kostenübernahme für die Mastektomie werte ich mit absolutem Unverständnis. Zumal bei Durchsicht der überaus umfangreichen eingereichten Unterlagen und der daraufhin erkennbaren Entwicklung meines Sohnes bisher jeder Arzt und Psychologe zum psychologischen Wohl und zur gesunden Entwicklung einer Mastektomie zustimmen würde. Dieser ausführlichen Begründung könnten sich nunmehr meinerseits nur Wiederholungen anschließen, deshalb <u>beantrage ich erneut die Kostenübernahme für die Mastektomie und Hysterektomie für meinen Sohn Ryan.</u>

Zumindest eine Zustimmung für die Mastektomie würde ich sehr begrüßen.

Mit freundlichen Grüßen

Bei der bereits mehrfach in diesem Buch erwähnten Deutschen Gesellschaft für Transidentität und Intersexualität (DGTI) findet man im Internet etliche Vordrucke und Formulierungen für diverse Anträge.

Die Webseite ist sehr empfehlenswert, da sie sehr umfangreich ist und viele Hilfestellungen gibt.

Nachwort: Ein kurzer Appell an Eltern und Verwandte:

Nehmen Sie ihr Kind ernst, versuchen Sie es zu verstehen, egal wie alt es ist. Beobachten Sie es genau, lesen Sie weitere Lektüre zu diesem Thema, hören Sie Ihrem Kind zu, versuchen Sie, sich in es hineinzuversetzen.

Wie ist es, sich "komplett falsch zu fühlen?" und wenn Sie den Impuls haben, dann handeln Sie.

Handeln Sie aus Liebe zu Ihrem Kind.

Ihre Aufgabe ist nicht zu unterschätzen, ein transidentes Kind zu begleiten, zu unterstützen, sich allen Widrigkeiten zu stellen, besonders wenn Ihr Kind noch sehr jung ist. Doch Ihr Handeln ist wichtig, um Systeme zu verändern, die Ihre Kinder in ihrer körpereigenen Gefangenschaft leben lassen.

Denn ein Transjunge oder Transmädchen wird bewusst oder unbewusst versuchen, aus dieser Gefangenschaft auszubrechen, wie immer das individuell aussehen mag.

Ich wünsche Ihnen viel Kraft und Energie

sowie

Ihren Transkindern Selbstvertrauen, Mut und Geduld für Ihren gemeinsamen

Weg der Wandlung.

Die Liebe zu Ihrem Kind und die Liebe Ihres Kindes zu Ihnen

wird Ihr Wegbegleiter sein und Sie beide stärken.

Danksagungen

Zuerst möchte ich demjenigen danken, der den gesamten Inhalt dieses Buches geprägt hat. Die Hauptperson, die unerkannt bleiben möchte, mir aber trotzdem die Erlaubnis gegeben hat, seine Geschichte in Worte zu fassen und sie anderen Menschen zugänglich zu machen. Danke „Ryan".

Dankeschön ebenso an die 2. Hauptperson „Hannah", die mit mir ihre emotionalen Erinnerungen geteilt und mir viel Material zur Verfügung gestellt hat. Ihren Wunsch, ihre Identität ebenso zu schützen, respektiere ich voll und ganz.

Einen großen Dank möchte ich meiner Mutter Liane aussprechen, die mir viele Tipps hinsichtlich sprachlicher Gestaltung gegeben und mich motiviert hat, dieses Buch zu veröffentlichen.

Weiterhin möchte ich meinem Sohn Lino von Herzen danken, der mich bei der Cover-Gestaltung und allen technischen Umsetzungen unterstützt hat.

Und schließlich danke ich meinem Lebensgefährten Friedrich, der mir durch seine bodenständige Art stets Kraft vermittelt, an mich selbst zu glauben und meine Träume zu verwirklichen.

Über die Autorin

Ramona Loriz, geb. 09.08.1967, lebt seit 12 Jahren ihre Berufung in der Arbeit als Heilpraktikerin für Osteopathie, Schmerztherapie und der analytischen Hypnose.

Bis sie zu dieser Berufung gelangte, übte sie zahlreiche Berufe aus und durchlief viele Ausbildungen. Vom Bereich Kosmetik, Gastronomie, Rechtsanwaltsfachangestellte, Fitnesstrainerin über Pharmareferentin gelangte sie schließlich zu dem, was sie erfüllte.

Die Leidenschaft zum Schreiben begleitet sie schon lange. Sie schrieb einige Gedichte, Geschichten aus ihrer eigenen Kindheit und auch verschiedene Fallbeispiele aus ihrer Praxis nieder.

Das Buch „Der Weg der Wandlung" ist ihr erstes abgeschlossenes Werk. Es ist ihr ein Bedürfnis, dieses zu veröffentlichen, da sie als Therapeutin ihren Lebenssinn darin erkannt hat, anderen Menschen mit ihren Kenntnissen und Erfahrungen zu helfen.

Zeitfracht Medien GmbH
Ferdinand-Jühlke-Straße 7
99095 Erfurt, Deutschland
produktsicherheit@kolibri360.de